JN192509

図説
明智光秀

柴 裕之 編著

戎光祥出版

「真実」の光秀像に迫る——序にかえて

戦国の世に、軍才を発揮して、諸勢力の統合（「天下一統《てんかいっとう》」）を進め、いまを生きる私たちを魅了する織田信長《おだのぶなが》。信長に仕え、ともに活躍した家臣の柴田勝家《しばたかついえ》・丹羽長秀《にわながひで》・滝川一益《たきがわかずます》・羽柴秀吉《はしばひでよし》、そして明智光秀《あけちみつひで》。この織田家の主人と家臣ほど、書籍やメディアによく取り上げられ、名前や実績が知られた存在はなく、同時代のほかの戦国大名家と比べても突出している。ここまで名前や実績が知られている背景には、それまでの社会を壊し、新しい時代を創設したという「革命児《かくめいじ》」信長と、信長に登用された個性豊かな家臣たちというイメージが強く影響しているのだろう。

しかし近年、それまで「革新《かくしん》」と評価されてきた織田信長の権力について、歴史学の研究では革新や保守を先入観としてもたず、時代状況に即した政治権力としての「実像」の追求が進められている。「実像」にさらに迫っていくには、信長個人だけでなく、信長を支えていた一族・家臣にも目を向けていく必要があるだろう。

こうした信長権力の「実像」を探るなかで、キーパーソンとなる家臣こそが、明智光秀である。光秀は、もとからの織田家の家臣出身者ではなく、美濃国《みののくに》（現在の岐阜県）出身の武士で、前半生はいまなお不明なことが多い。しかし、信長との出会いが彼を歴史の表舞台へと飛躍させることになる。つまり、光秀は信長に才能を見いだされ、信長権力の重鎮《じゅうちん》として活躍を果たしたのであった。ところが、よく知られているように、天正十年(一五八二)六月に光秀は、自身を歴史の表舞台に引きだした主君の信長を討つという政変《せいへん》、すなわち「本能寺の変《ほんのうじのへん》」を起こすことになる。

なぜ、光秀は信長を討ったのか。この「謎」の追求はいまも尽きることなく、多くの見解が出されている。だが、多くは「革命児」信長に対し、「常識人」の光秀という構図のなかで、「謎」が分析されている現状にある。

いま、信長が「同時代人」としての実像を明確にさせている現状にあるならば、光秀についても、謀叛人《むほんにん》や「常識人」という先入観をなくし、「実像」に迫る必要があるだろう。幸いに、二〇二〇年のNHK大河ドラマでは、明智光秀を主人公とした「麒麟《きりん》がくる」の放映が予定されている。「真実」の光秀像に迫ることは、単に彼の評価をとらえ直すだけでなく、背景にある、彼が活躍した時代の政治や社会の実態を見直すことにもつながる。

本書は、光秀の事蹟をただ追うだけでなく、多くの写真・図版を掲載し、さらに光秀を支えた一族や家臣、そして、いまに至る光秀像がどのように創られ広まっていったのかということも含めて構成している。本書を通じ、「真実」の光秀像を知ってもらうきっかけとなっていただければ、編者としては望外の幸せである。

二〇一八年十一月

柴 裕之

図説　明智光秀　目次

第三章　燃えゆく本能寺、逆臣へのみち

第四章　光秀を支えた一族と家臣

第五章　光秀の伝説と史跡をめぐる

コラム

光秀が歩いた道1
――近江から琵琶湖まで

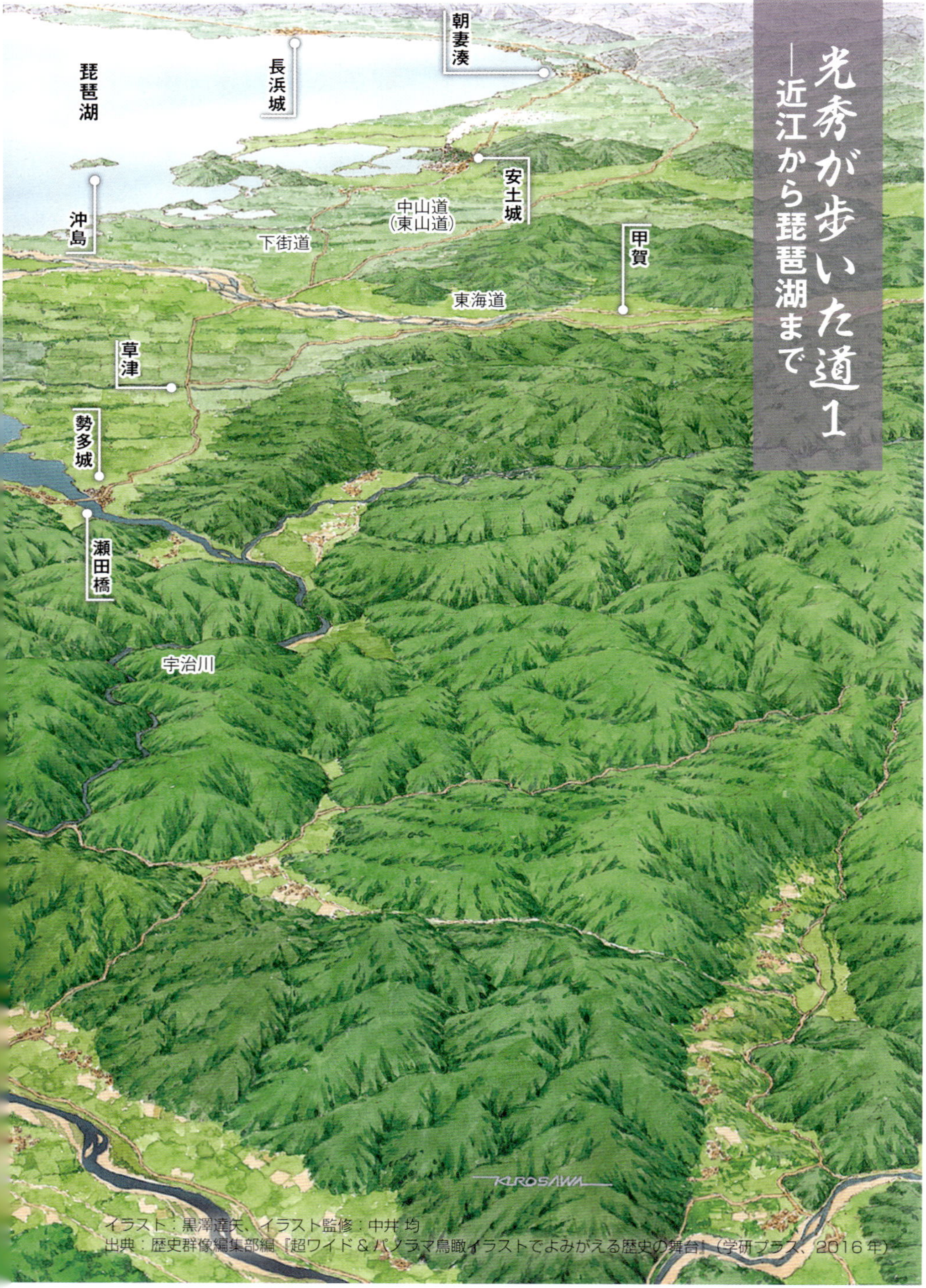

イラスト：黒澤達矢、イラスト監修：中井 均
出典：歴史群像編集部編『超ワイド＆パノラマ鳥瞰イラストでよみがえる歴史の舞台』（学研プラス、2016年）

朽木
竹生島
北国街道
(西近江路)
大溝城
朽木道
堅田
比叡山
坂本城
今道越
(中山道)
大津
粟田口
逢坂越
京(←次ページへ)
小栗栖
大和街道
伏見
岡屋津
巨椋池
槇島城
宇治
木津川
奈良街道

光秀が歩いた道2
——京都から丹波まで

小浜湾
周山
周山城
半国高山
周山道
←至 福知山
愛宕山
老ノ坂
亀山城
高槻
富田
西国街道

巻頭特集　光秀研究の新展開

本能寺の変で主君の織田信長を討ったことから、〝逆臣〟というイメージが強い光秀。しかし、それは本能寺の変という政変のみから導き出した印象ではないだろうか。

そうした印象があるなかで、近年は当時の古文書や古記録をもとに、戦国時代の状況に照らし合わせた実像を探る研究が盛んである。たとえば、「革命児」といわれてきた織田信長も大幅な見直しが進んでいる武将の一人だ。

光秀は、最後こそ主君の信長を自刃に追い込んだが、それまでは柴田勝家や羽柴秀

吉らに並ぶ織田家の重臣であった。光秀は、いつどこで生まれたかも確定できないほど、史料に恵まれていないのだが、彼が残した古文書などを読み解くと、後世のイメージとは異なる姿がみえてくる。

ここでは、従来は正反対とまでいわれた織田信長と比較した人物像、光秀が生涯をかけた丹波攻め、信長による残酷な仕打ちとして知られる比叡山焼き討ち、光秀が躍進するきっかけとなった室町幕府第十五代将軍・足利義昭との関係という四つの問題を取り上げる。いずれも光秀を語るうえで、鍵となるテーマである。最新の研究成果によってみえてきた〝人間〟光秀の意外な実像とは？

明智光秀画像◆大阪府岸和田市・本徳寺蔵　画像提供：岸和田市役所観光課

明智藪◆光秀が山崎の戦いで敗れたのち、坂本城（大津市）に向かう途中、村人たちによる落ち武者狩りに遭い、落命したとされる場所　京都市伏見区

1 明智光秀と織田信長の人物像

織田信長《おだのぶなが》に引き立てられたが、革新的《かくしんてき》で残酷《ざんこく》な信長との間でうまくいかず、謀反へと走ったまじめな人物。こうした「常識人」としての光秀像《みつひで》は、江戸時代に信長・光秀の活躍ぶりが描かれるなかで編み出されてきた。

しかし、近年では信長をそのような人物と評価してよいのか、疑問の声が挙がっている。信長には、将軍足利義昭《あしかがよしあき》との協調、積極的に朝廷《ちょうてい》と対話する姿勢、既存の秩序を重視する国内統治のあり方を模索してきた形跡がみられる。むしろ、革新的な「天下統一」ではなく、同時代の政治・社会に基づき、各勢力と協調しながら国内を統治し、秩序を安定化させる「天下一統《てんかいっとう》」を目指したのではないか。これが、近年の研究で追加された信長評である。

対して、現時点での光秀の人物像は、いまなおも、革新的な信長についていけなかった「常識人」という印象が根強い。見直しが進む信長像をもとにすると、対極的な人物とされてきた光秀はどのように映るのだろうか。

当時の日本の情勢報告書を残したイエズス会宣教師のルイス・フロイスは、著書『日本史《にほんし》』のなかで、光秀を次のようにまとめている。

刑を科するに残酷で、独裁的でもあったが、己れを偽装するのに抜け目がなく、戦争においては謀略を得意とし、忍耐力に富み、計略と策謀の達人であった。

「刑を科するに残酷で、独裁的」なのは、むしろ信長ではないのか。比叡山《ひえいざん》の焼き討ちや、敵対した丹波《たんば》の波多野《はたの》氏らの処断に葛藤したのが光秀ではないのか。そんな声が聞こえてきそうだが、実はこれらはいずれも光秀が止めに入った形跡がみられない。それどころか、比叡山の焼き討ちや、朝倉《あさくら》・浅井《あざい》両氏との戦いでは、光秀は一貫して信長について近江の安定化に協力していた。

波多野氏との戦いでは、責任者を務めた光秀が、波多野氏を降伏させるために自分の家族を差し出した。しかし、信長が波多野一族を殺害したため、光秀の家族は報復として殺害されたという通説がある。光秀がかわいそうに思えるエピソードだが、現在残っている同時代の史料をみると、光秀の家族が殺されたという記述はみあたらない。

それどころか、光秀は、波多野氏側の悲惨なありさまを味方に喧伝《けんでん》するかのような手紙まで残している。そして、「我らの勝ちは間違いない」と上機嫌だ。フロイスの評価は、あながち的外れではないだろう。現代まで息づく光秀像からかけ離れ、通説の信長に近い人物像である。

そして、近年では信長は味方に裏切られ続けた人生だった、という評価もある。信長は友好関係にあった武田《たけだ》・上杉《うえすぎ》・毛利《もうり》の各氏、有力な味方だった松永久秀《まつながひさひで》・荒木村重《あらきむらしげ》・別所長治《べっしょながはる》・波多野秀治《ひではる》といった面々、そして最後に光秀を敵に回した。

実は、光秀も裏切られ続けた人物である。朝倉・浅井、そして義昭攻めの際には、近江の味方領主に裏切られ、丹波攻めで

右：明智光秀画像◆大阪府岸和田市・本徳寺蔵　画像提供：岸和田市役所観光課
左：織田信長画像◆愛知県豊田市・長興寺蔵　画像提供：豊田市郷土資料館

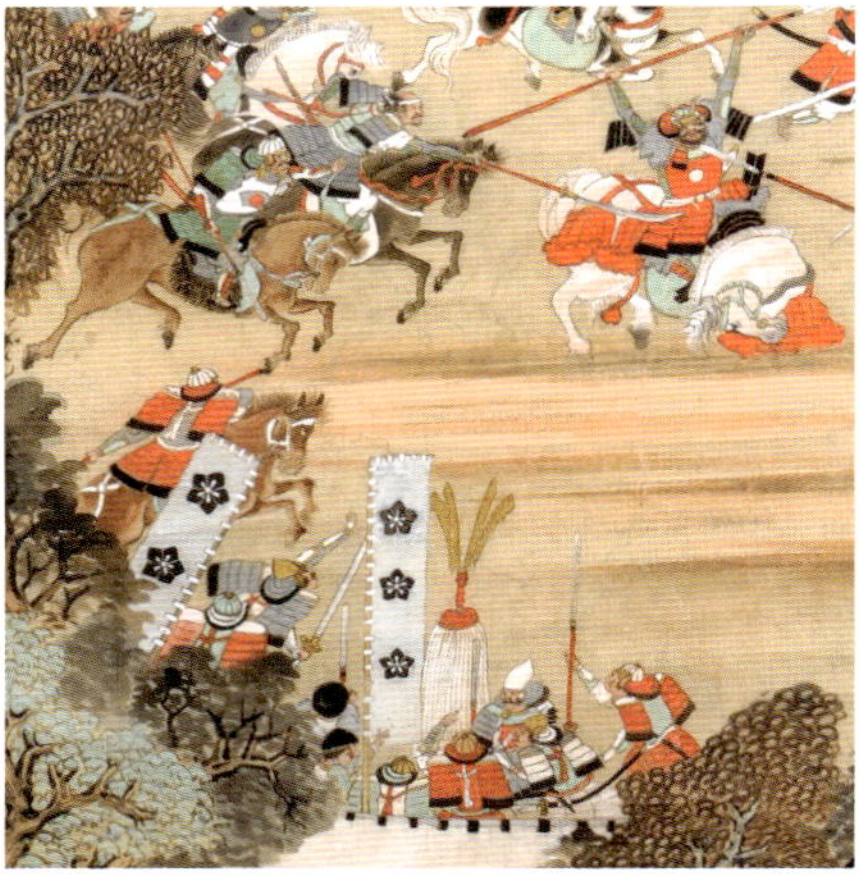

丹波八上高城山合戦図（部分）◆丹波攻めでは、波多野秀治が裏切ったことで大きな痛手を受けた　兵庫県篠山市・誓願寺蔵　画像提供：亀岡市文化資料館

は信長方だった波多野秀治が敵に回って窮地に立ち、最後は政治・戦争で行動をともにした細川藤孝《ほそかわふじたか》や筒井順慶《つついじゅんけい》の協力を得られず、死を迎えた。

もちろん、すべて信長とかかわって起きた出来事だが、信長とその出世頭・謀反人となった光秀には、意外なほど共通点が多い。通説の信長像に集中していた残虐的要素は、新たな信長像が見いだされ、光秀の業績が明らかになるほど、光秀の関与によるところが大きかったことがわかってくるのである。

そもそも、光秀と信長を対極に位置づけるのは、江戸時代に入ってから顕著にみられる傾向である。江戸時代には、戦国時代に関する軍記《ぐんき》が多く生み出され、光秀・信長は物語の登場人物として描写されている。つまり、すでに光秀が信長に背くというシナリオを聞き知った人物が、両者の対立を強調させたのだ。そうしたシナリオ通りの光秀・信長像は、芸能・絵画なども含めて人びとに受け入れられ、今なお息づいている。

史料上では確認できない、対極的な光秀・信長像は、光秀謀反の落としどころを見いだそうとした先人たちの思索の結果なのである。

2 丹波攻めでみせた意外な一面

天正七年（一五七九）、光秀は丹波の荻野《おぎの》直正《なおまさ》らを加えた波多野秀治勢に苦戦していた。光秀は家族を人質に出して、波多野氏との戦いを終息させる。しかし、信長が波多野一族を殺害したため、報復で人質も殺されてしまい、光秀は信長を恨んだ。冷徹に進められた信長による勢力拡大に苦しみ、家族を失ったかわいそうな光秀、以上が丹波攻めにおける通説の光秀像である。光秀対宿敵波多野氏の丹波攻めの構図は、どれほど実態に即したものなのだろうか。

鍵になるのは、戦国期の丹波情勢である。近年、畿内《きない》の政治史や丹波の領主に関する研究が盛んで、光秀の丹波攻め以前の史料も発見・分析が進んでいる。それにより、戦国期の丹波は国内に多くの有力領主が割拠し、領主同士で連合したり、ときには敵対や戦争をしながら、それぞれが独自の勢力圏を築いていたことが明らかとなった。丹波は京都からほど近く、領主たちは畿内の戦争にも加わって、政局を左右した。また、通説では波多野氏の家臣的な立場で登場する荻野直正は、波多野氏よりも広い地域を支配し、ときに波多野氏と戦って優位に立つほどの有力者だったことも判明した。

加えて、領主たちが拠点とした城郭の発掘調査が進み、波多野氏の拠点・八上《やかみ》城（兵庫県篠山市）からは波多野氏時代の遺構《いこう》が数多く確認された。八上城は丹波富士とも称される難所の高城山《たかしろやま》や、隣接する法光寺《ほうこうじ》山《さん》を活かした堅固な城で、防御設備と併せて波多野氏の威勢を今に伝えている。光秀にとって、波多野氏のような地域に根付く領主たちと敵対するのは、相当な苦労・根気を要することであった。

八上城跡遠景◆波多野秀治が守る、山・川を活用した堅城。光秀は被害を抑えるべく、包囲作戦を展開した　兵庫県篠山市　画像提供：篠山市教育委員会

では、なぜ光秀は丹波の領主たちと戦わなければならなかったのか。信長が義昭とともに上洛したのち、波多野氏や荻野氏ら丹波の領主たちは、両者に協力した。しかし、領主のなかには自身の権益を守るため、義昭・信長と対立する者もいた。さらに、元亀四年（一五七三）に信長と義昭が対立すると、信長と敵対する領主もあらわれはじめる。

天正三年（一五七五）、荻野直正が隣国の但馬で、信長方の山名《やまな》氏らとの間で戦争を繰り広げた。山名方から救援要請を受けた信長は、光秀を紛争地へ派遣して救援させる。光秀勢は直正を拠点の丹波黒井《くろい》城（兵庫県丹波市）に追い詰めたが、信長方だった波多野氏が荻野氏への支持を表明したため、光秀は一転苦境に立たされ、丹波を退く事態となった。のちに光秀は、再度丹波攻めに乗り出し、天正七年に波多野氏を屈服させた。光秀対波多野氏の構図で語られがちな丹波攻めの背景には、単なる信長の勢力拡大以上に、味方同士の戦いの解消という目的があったのである。

波多野一族や光秀の家族の命運はどうだろうか。実は光秀が人質を出した形跡は、同時代の史料からは一切確認できない。だが、八上城包囲時の状況を伝える光秀の手紙には、城内では餓死者《がしや》が続出し、城からやってきた使者の顔はひどく腫れ上がっていたと記される。光秀の八上城攻めが、非常に過酷なものだったことがわかるだろう。

そして、「五～十日以内に必ず敵を討ち果たすつもりだ。一人も取りもらさないよう厳重にして、落城のときを待っている」とも記している。弱った敵に追撃をかけるという徹底ぶりは、信長の残虐性に首をかしげるという、よく知られた光秀像からはかけ離れたものだ。丹波攻め当時の史料からは、丹波の領主たちの織りなす複雑な対立関係や、光秀の積極性がかいま見えるのではないだろうか。

上：白毫寺境内◆丹波攻めにより、白毫寺をはじめとする多くの寺社が戦火にまみれた　兵庫県丹波市
中：留堀城跡◆黒井城主・荻野直正がおさえた拠点のひとつ。光秀勢は、丹波各地の敵城に押し寄せて攻略していった。攻略後は、光秀の家臣である斎藤利三が管理した　兵庫県丹波市
下：円通寺山門◆戦災に遭う寺社が多いなかで、円通寺は光秀との交渉の結果、保護を獲得したという　兵庫県丹波市

3 残酷な顔をのぞかせる比叡山焼き討ち

光秀が信長と接近し、最初の躍進の地となったのは西近江《にしおうみ》である。西近江といえば、僧侶から女性・子どもまで巻き込んだ、信長の生涯最大の焼き討ち劇・比叡山攻めの舞台だ。通説では、比叡山攻めを目にした光秀が、信長の苛烈《かれつ》さに驚くという場面がみられる。実際の光秀の動きは、どうだったのだろうか。

元亀二年（一五七一）、朝倉・浅井・比叡山勢への対処に追われた光秀は、西近江で信長方の重要拠点を守りつつ、戦地を駆け回って功績を挙げている。また、光秀は現地の領主たちとの連絡を密にしている。敵勢への対応、自軍や信長の近況報告などがメインである。領主たちは、いずれも長年、琵琶《びわ》湖西岸の流通などにかかわってきた地元の有力者だ。信長も、浅井攻めでは彼らの力を大いに頼りにしている。

そんな領主たちに対し、光秀は慎重に接して、ときには冷酷な表現を交えながら戦況を語る。顕著なのが、元亀二年九月の比叡山攻めである。光秀は味方に戦況を報告するなかで、「敵方の村をなで切りにしてやろう」、「信長様が敵方の拠点を干殺しにした」といった、残酷な描写ともとれる表現をふんだんに用いている。

通説通りの光秀のイメージであれば、こうした対応に待ったをかけるはずである。ところが、あろうことか、光秀自身が敵に対して過酷な仕打ちをしているのだ。そうなると、信長の人生のなかで最大級の虐殺劇とされる比叡山焼き討ちの立役者は、ほかならぬ光秀ということになる。光秀の人間性は、通説の光秀像とは真逆で、むしろフロイスが『日本史』で記した「刑を科するに残酷」というイメージそのものである。

ちなみに、比叡山攻めが終わったのち、比叡山領の管理を任されたのは光秀だった。管理を任されるといっても、既存の領主がいたし、近隣には朝廷関係者の土地もあった。

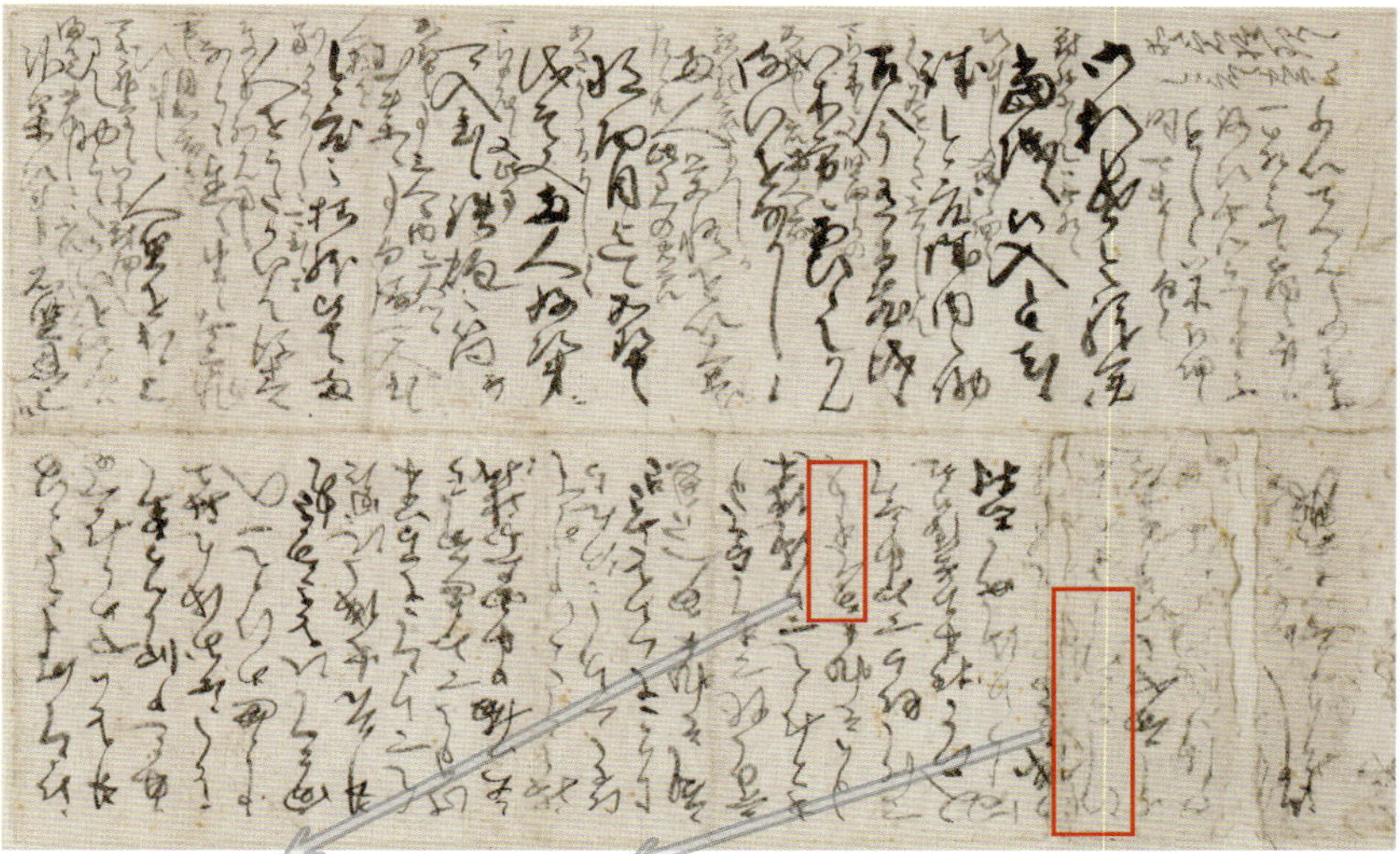

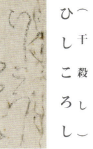

（干殺し）
ひしころし

（なで斬り）
なてぎり

元亀２年９月２日付け明智光秀書状◆味方の忠節に感謝する手紙。中央の折り目に向かって書き進める折紙の様式で、文字の方向が上下で逆になる。下段の囲いに「なてきり」・「ひしころし」とみえる　個人蔵　画像提供：大津市歴史博物館

そしてここでも、光秀は意外な一面をみせ、強引な支配をしようとしてトラブルを起こす。西近江での光秀は、多才ぶりと残酷・果断な人間性の両方をあらわにしたのだった。

琵琶湖から見る比叡山◆信長と朝倉・浅井勢の激闘の場となり、多くの血が流れた　大津市

4 信長よりも早く足利義昭と対立

光秀の躍進は、室町幕府第十五代将軍の足利義昭に仕え、義昭を支えた信長に接近したことにはじまる。義昭というと、信長と一緒に京都に入ったものの、早くから野心的な信長に反発して信長包囲網を形成し、敗北したというイメージがつきまとう。そして、光秀も途中から旧勢力の義昭を見限って、革新的な信長についたとされる。

しかし、近年では根本の義昭と信長の関係像がぬりかえられてきている。信長は、基本的に義昭と協調し、義昭の意向を受けて行政文書を送付していた。また、義昭も信長と朝倉・浅井・比叡山間の休戦の交渉をするなど、明確に敵対するのは京都近辺で決戦する元亀四年（一五七三）になってからである。

そうなると、信長とともに義昭を見限ったとされる光秀のイメージも変わってくる。光秀は京都に入る前に、義昭の重臣細川藤孝と信長との間の連絡役を務め、入京後は義昭・信長の両方に属して京都近郊の政務を担当した。

しかし、光秀は京都施政の要人となるにつれ、現地の領主や寺社とトラブルを起こすようになっていった。これを天皇が問題視し、義昭も光秀に対して注意勧告をするまでに発展する。その後、光秀は義昭の家臣に「先々の見通しが立たない」と手紙を送って、義昭のもとを離れようとした。だが、光秀の申し出は受理されなかったようで、両者の関係はその後もしばらく続いたようである。

注目すべきは、これらの出来事が義昭と信長が対立する前の元亀二年頃に起こったということだ。義昭との関係を切ろうとしていたのは、信長よりもむしろ光秀のほうが先だったのである。義昭は光秀を何とかかつ

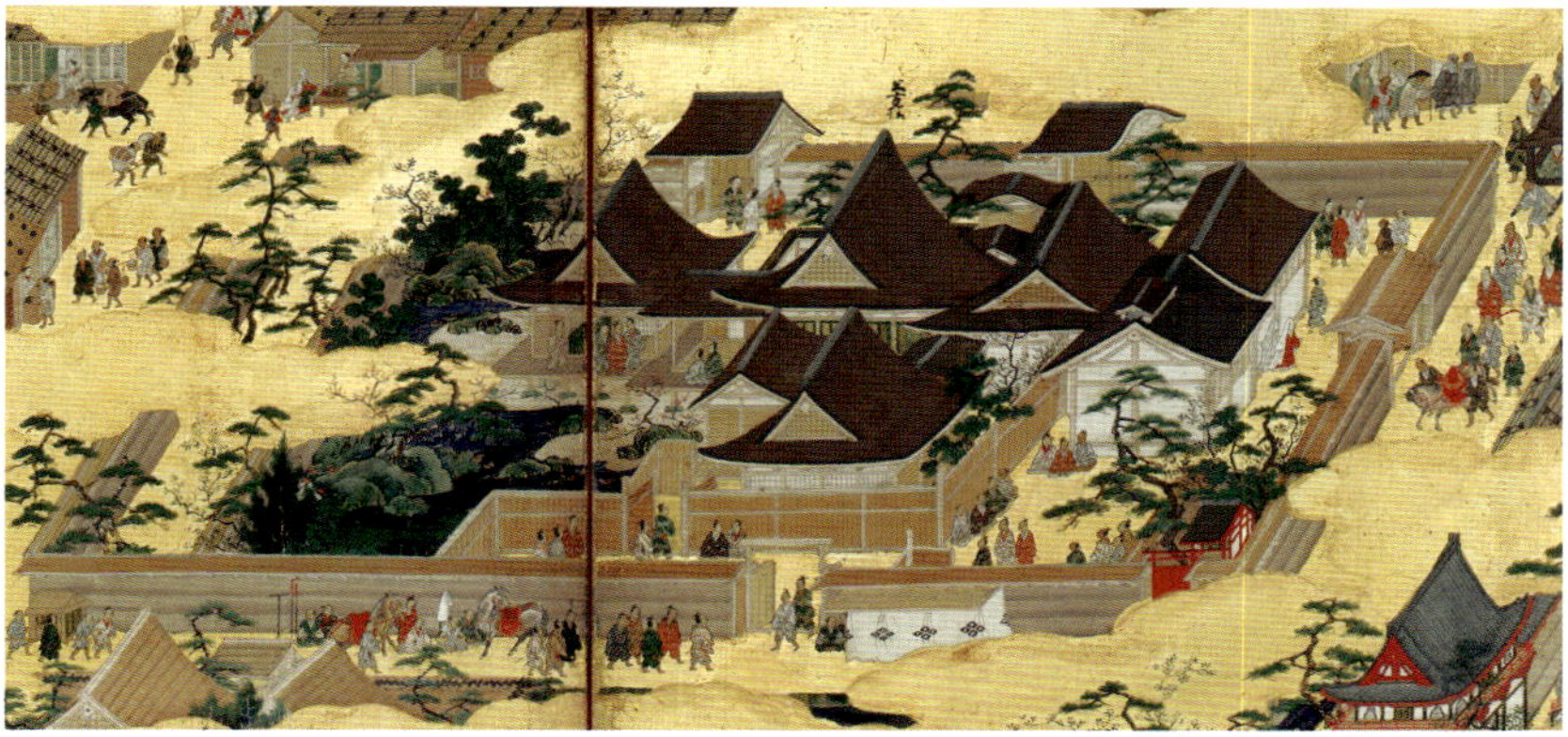

『上杉本洛中洛外図屏風』に描かれた「公方様」◆建物は室町将軍の邸宅「花の御所」。画像上方に「公方様」と記されている　米沢市上杉博物館蔵

なぎとめようとしたが、かたや光秀は、権限を拡張させるなかで義昭との間で微妙な距離感を感じていたのかもしれない。

義昭が信長との対決姿勢をあらわにした元亀四年、光秀は信長方として戦った。その後、義昭のもとに光秀の情報が入ってくるのは、天正十年（一五八二）六月に起きた、本能寺の変の後のことだった。義昭は中国地方にあって、南九州の島津氏らに信長の死を喧伝する。

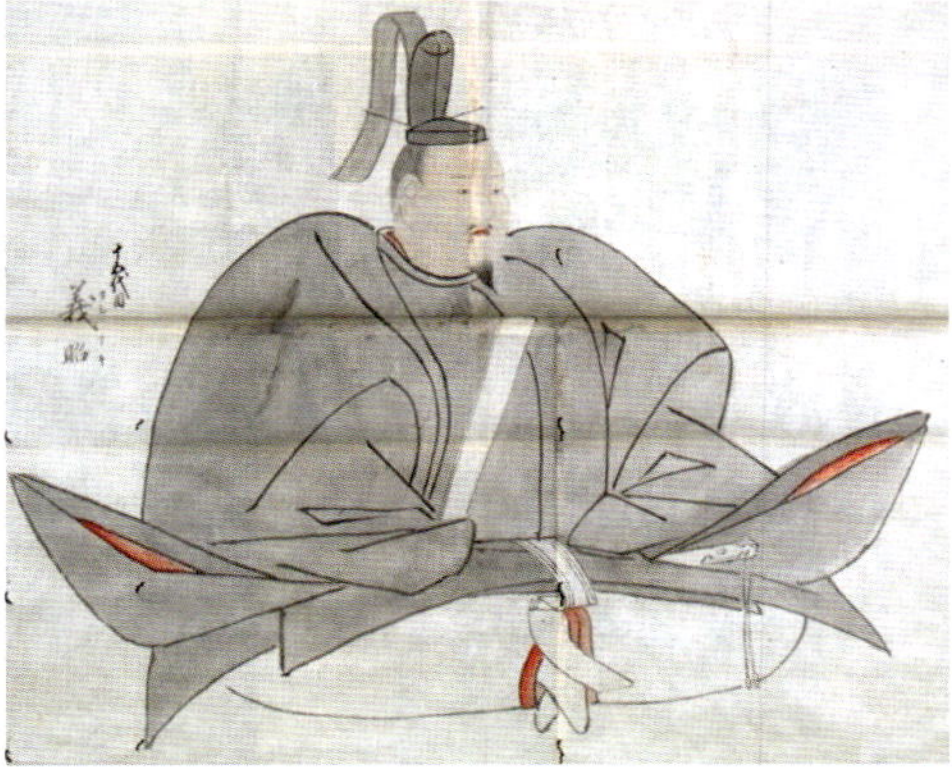

足利義昭画像◆信長・光秀と対立して京都を逐われた義昭は、本能寺の変の知らせを滞在先の備後鞆の浦（広島県福山市）で聞いた　東京大学史料編纂所蔵模写

一方、義昭は光秀については多くを語らなかった。光秀は六月中に亡くなり、義昭と再会する機会も永遠に失われたのである。

コラム

光秀はいつ生まれたのか

光秀は、生まれた年がはっきりしない。生年を記した同時代の史料がないのである。そのなかで、後代の記録では、光秀の生年について多数の説が出されてきた。十七世紀前半に書かれた『当代記《とうだいき》』では、光秀は数え年で六十七歳で死去したとあり、これに従えば、生年は永正十三年（一五一六）である。

一方、『明智軍記《あけちぐんき》』などで伝わる生年は、享禄元年（一五二八）である。ちょうど一回り異なり、こちらは従来有力視されてきた説だ。ほかにも、生年月日にはいくつかバリエーションがあり、どれも確実とは言い切れない。

史書の作成年代と、光秀が生きた時期の近さを考えれば、『当代記』のほうに信憑性があるようにみえる。『当代記』は、元亀元年（一五七〇）から元和元年（一六一五）までの出来事が記され、同時代史料から裏付けをとれる記述があるのも強みだ。こちらを採用すれば、光秀は本能寺の変を起こした天正十年時点で、六十七歳と老齢ということになる。

十七世紀の初めに秀吉の逸話をまとめた『川角太閤記《かわすみたいこうき》』によれば、光秀は信長への謀反を表明するにあたり、「老後の思い出に、一夜でも天下に名をとどろかせたいと思い切ったのだ」と語ったという。たしかに六十七歳という説は、おかしな話ではないかもしれない。

享禄元年生まれの説は、『明智軍記』や、光秀の系譜関係の復元を試みた『明智系図』など、光秀の系譜関係を探った史書で採用されているものである。だが、同時代の史料から裏付けがとれない記述も多く、光秀の死後百年以上を経て編まれたという難点がある。

『当代記』の記述をとるか、『明智軍記』の説をとるか。どちらをとっても、信長に仕える前の光秀の経歴には謎がつきまとう。本書では、通説の享禄元年生説を採用するが、永正十三年説も捨てがたいといえるだろう。

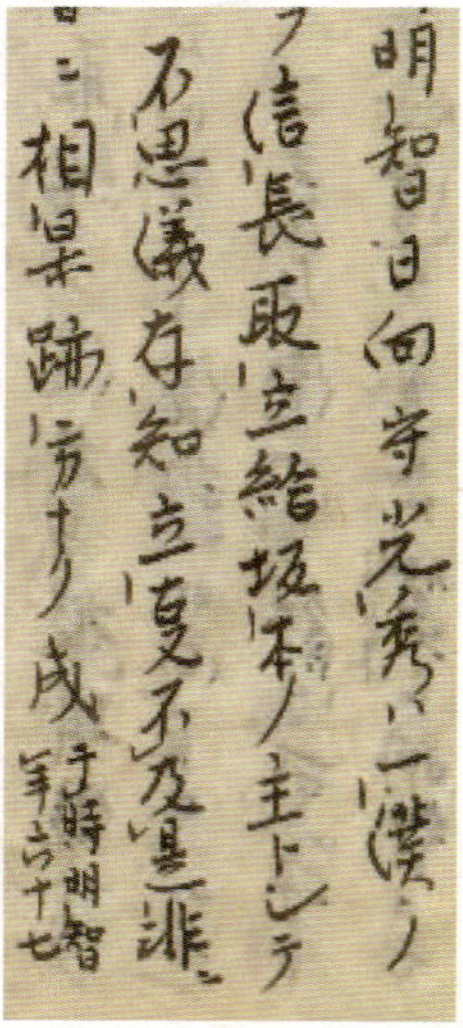

『当代記』巻二◆「明智年六十七」という記述がみられる　国立公文書館蔵

第一章　才略を尽くし、坂本城主へ

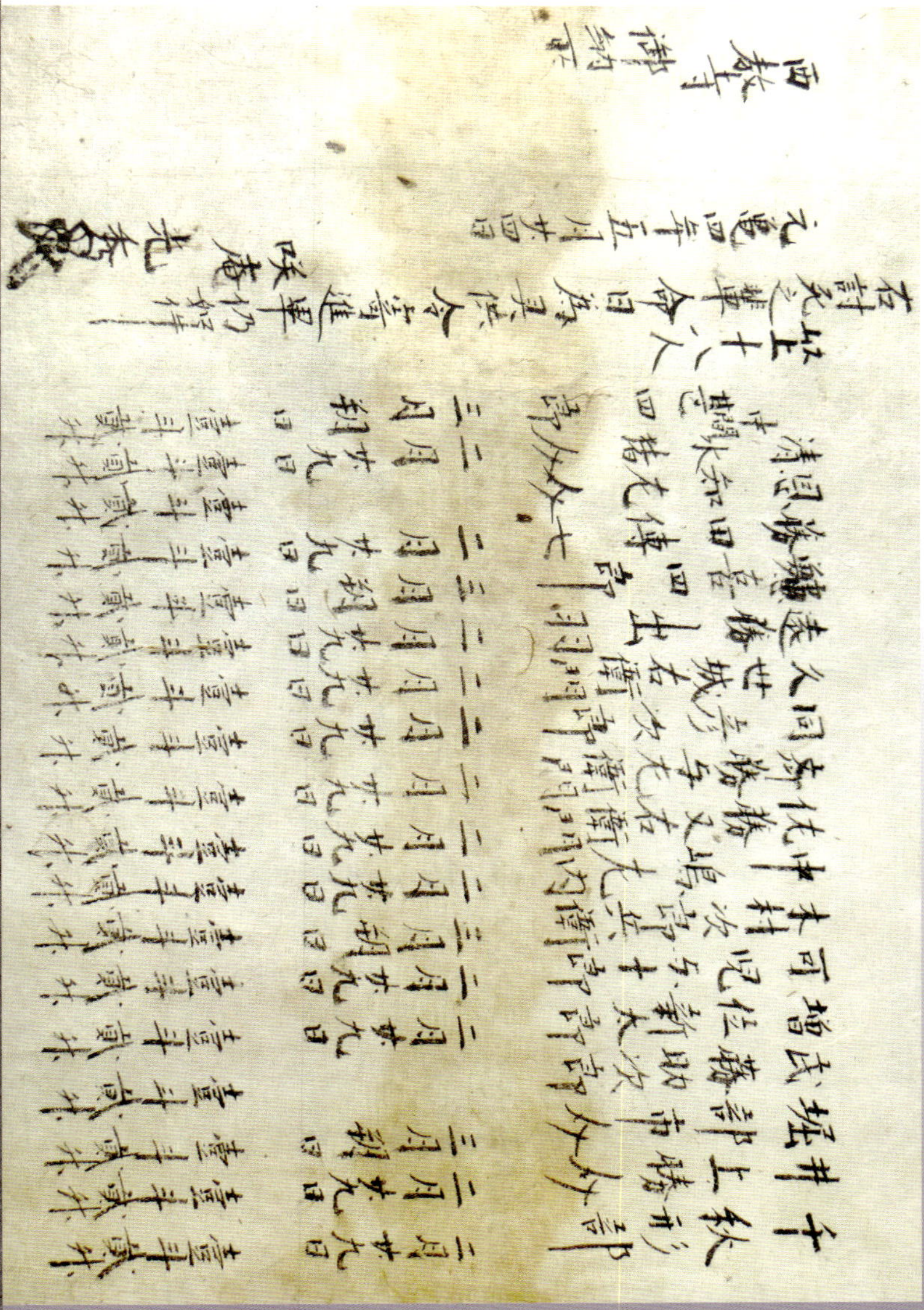

味方の死を弔うという内容の元亀４年５月24日付け明智光秀寄進状◆
大津市・西教寺蔵

1 謎だらけの出自と前半生

信長《のぶなが》の宮廷に惟任日向守《これとうひゅうがのかみ》殿、別名十兵衛《じゅうべえ》明智殿と称する人物がいた。彼はもとより高貴の出ではなく、信長の治世の初期には公方《くぼう》様（室町幕府《むろまちばくふ》将軍足利氏）の邸の一貴人兵部太輔《ひょうぶたいふ》（細川藤孝《ほそかわふじたか》、のちに長岡《ながおか》藤孝とも）と称する人に奉仕していたのであるが、その才略、深慮、狡猾さにより、信長の寵愛を受けることとなり、主君とその恩恵を利することをわきまえていた。

永禄六年（一五六三）以降、日本で活動したイエズス会宣教師のルイス・フロイスが、後年、『日本史』のなかで記した光秀の人物像である。フロイスが「もとより高貴な出ではなく」と記した、光秀の前半生には謎が多い。一説では、美濃国守護土岐《みののくにしゅごとき》氏の血を引く土岐明智氏の出身で、享禄元年（一五二八）前後に生まれたというが、はっきりしない。光秀にかかわる系図は多数編まれ、記述内容もまちまちだが、光秀以前から美濃国内に根付く有力者だったようだ。妻は同じく、美濃国内の有力者・妻木《つまき》氏の出らしい。

弘治二年（一五五六）、光秀は美濃斎藤氏の内乱（道三《どうさん》・義龍《よしたつ》父子の争い）で道三方についたのち、浪人になったという。これらの情報は、光秀を主役に江戸時代に記された『明智軍記』による。『明智軍記』は、光秀の出自について詳細に記すが、内容は光秀の死からかなりの年月を経ているだけに、裏付けは難しい。光秀の美濃での活動は、よくわからないのである。

明知城の土塁跡◆遠山氏が築いたとされる山城で、白鷹城ともいう。光秀の出身地ともいわれる　岐阜県恵那市

現存する同時代史料で、最初に光秀の名を確認できるのは、「光源院殿御代当参衆《こうげんいんでんおんだいとうさんしゅう》并《ならびに》足軽《あしがる》以《い》下《げ》衆覚《しゅうおぼえ》」である。永禄十・十一年（一五六七・一五六八）頃に作成された、室町幕府に従う幕臣や各地の大名のリストだ。リストにある「明智」は光秀を指すといわれ、室町幕府第十三代将軍・足利義輝《あしかがよしてる》死後の永禄十年頃に、義輝の弟・義昭《よしあき》に仕えた側近の「足軽《あしがる》衆《しゅう》」として記載される（ちなみに、細川藤孝は、「御供衆《おともしゅう》」という足軽衆より数段上のランクに位置している）。

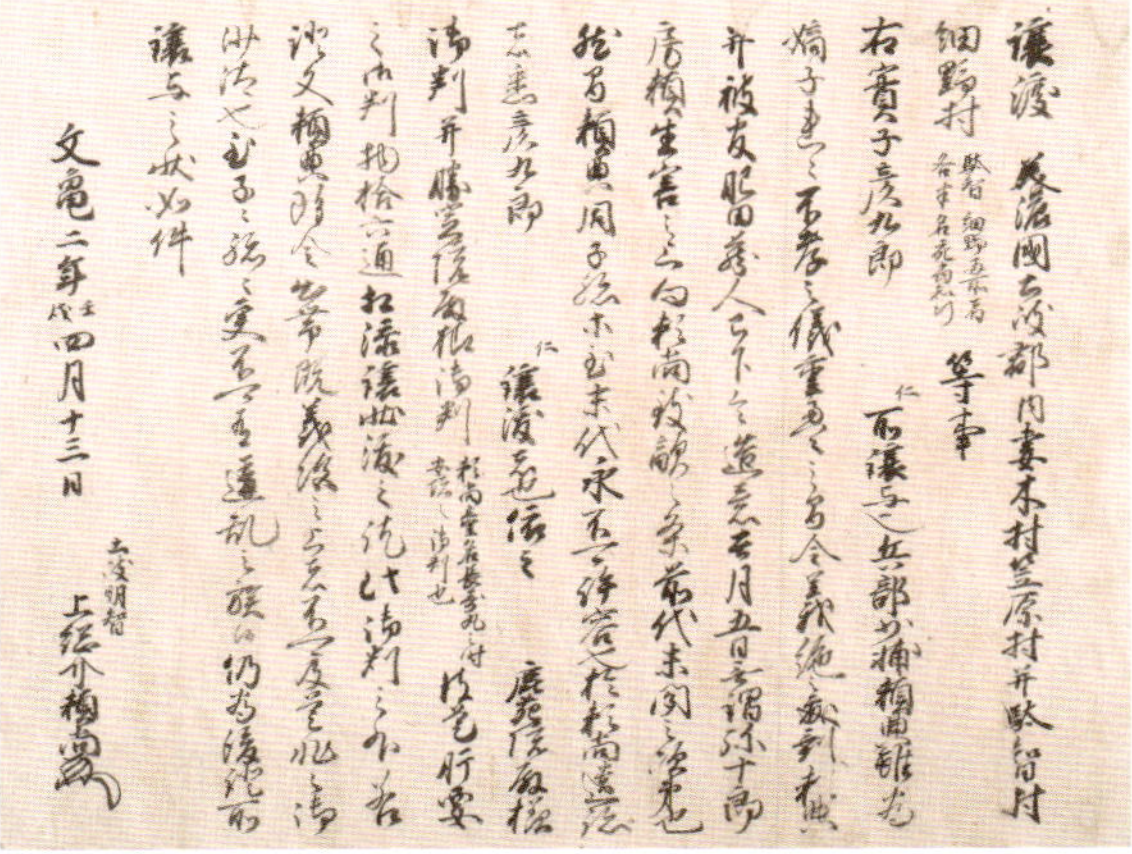

文亀２年（1502）４月13日付け土岐頼尚譲状◆光秀の曾祖父・頼尚が子の彦九郎に妻木村などの支配権を譲ったもの。諸系図で光秀の祖父とされる頼典は義絶されてしまっていたらしい　個人蔵
画像提供：群馬県立歴史博物館

「光源院殿御代当参衆并足軽以下衆覚」が作成された頃は、義輝を三好《みよし》三《さん》人衆《にんしゅう》によって殺害された義昭が、越前の朝倉義景《あさくらよしかげ》のもとで京都復帰を模索していた時期だ。光秀は当時、流浪の義昭の側に仕えていたのである。

光秀は、朝倉義景を頼って長崎称《ながさきしょう》念《ねん》寺《じ》門前（福井県坂井市）に居住して十年ほどになっていたという。そして、越前で義昭・藤孝と巡り会い、仕えるようになったらしい。

永禄十一年七月、義昭・藤孝は美濃

明智城七ッ塚◆斎藤義龍勢の攻撃を受けて戦死した明智方の将兵を葬ったとされる。長山城ともいわれる　岐阜県可児市

の織田信長のもとへと移り、上洛の準備を整える。この移動は、義景・信長双方の後援があってのものであった。信長は、義昭の将軍としての京都復帰を目指すべく、近江を経由して上洛を試みる。

この頃、光秀も義昭・藤孝と行動をともにしたのだろう。永禄十一年八月十四日付けといわれる信長が藤孝に宛てた手紙には、「詳細は明智（光秀）に申し含めました。義昭様によろしくお伝えください」とある。光秀は藤孝のもとで義昭と信長の間をとりもつ存在となっていたようだが、信長と光秀のファーストコンタクトの模様はわからない。とはいえ、光秀が藤孝のもとで義昭・信長間を中継したことが、その後の躍進をもたらした一因といえる。

義昭・信長連合軍は近江《おうみ》や京都周辺で敵と戦い、十月には義昭が京都周辺の攻略（天

上：明智神社◆光秀の居住地とされる地に建つ神社。「明智様」と呼ばれる祠には木像が奉納され、丁重に守られ続けている　福井市
画像提供：福井市おもてなし観光推進室
下：土岐氏累代の墓◆斎藤道三と対立した土岐頼純が開いたとされ、境内には土岐・斎藤両氏の戦いで戦死した兵の慰霊碑も建つ　岐阜県山県市・南泉寺境内

下静謐《せいひつ》）を遂げて、室町幕府第十五代将軍となる。光秀も京都へ入り、十一月十五日、細川藤孝と一緒に連歌会《れんがえ》に参加した。その場には、光秀が最晩年まで交際した連歌師《れんがし》・里村《さとむら》紹巴《じょうは》の姿もあった。

美濃国での活動がようとして知れない光秀は、ここ畿内の地で築いた人脈・地位を足がかりに、歴史の表舞台に登場する。のちに光秀の生涯に終止符を打った羽柴《はしば》（このときは木下《きのした》）秀吉との出会いもこのころだった。なんと、二人は京都施政の文書に一緒に名を連ねているのである。義昭・信長の協調のもと、最後はライバル関係となった秀吉ともうまくやっていたようだ。実質的な光秀の活動スタート地点は、京都周辺だったといえる。

光秀は、義昭・藤孝・信長の三者との接点をもとに、ここから「才略、深慮、狡猾さ」を遺憾なく発揮していくのである。

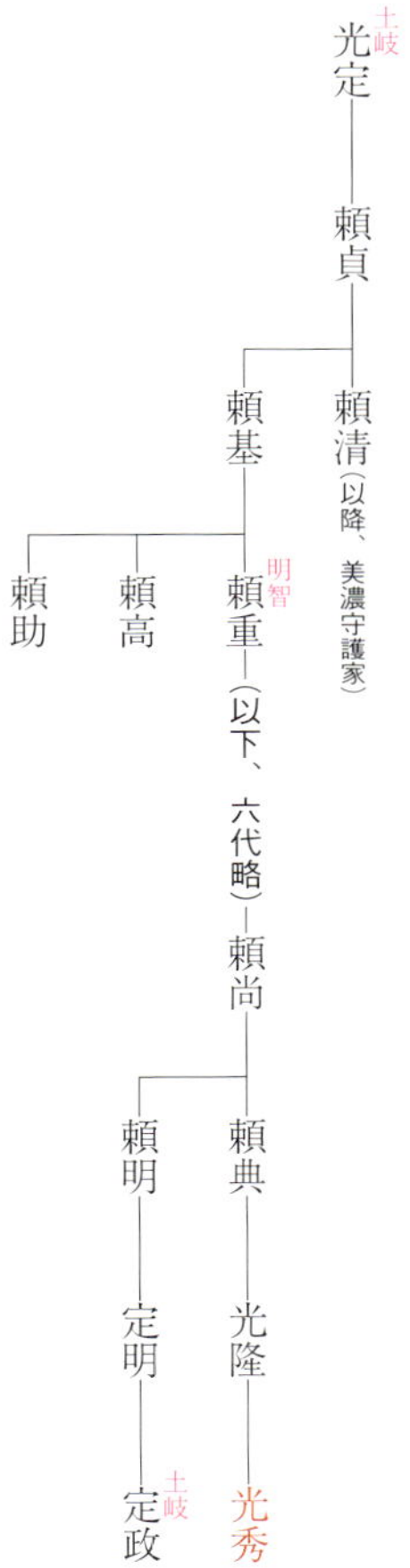

系図１　土岐・明智氏略系図　（『続群書類従』所収「明智系図」をもとに作成）

明智氏累代の墓◆明智城の北側に位置する天龍寺に、光秀ら明智氏の当主が葬られている　岐阜県可児市

2 朝倉氏を攻略し、宇佐山城主となる

足利義昭・織田信長の京都入りが実現した翌年の永禄十二年（一五六九）、光秀は信長の家臣とともに、京都支配の実務担当者に抜擢される。義昭・信長双方とのパイプが活きたのだろう。他は木下（羽柴）秀吉・丹羽《にわ》長秀《ながひで》・中川重政《なかがわしげまさ》という顔ぶれで、光秀は室町幕府将軍足利氏の家臣としてのみならず、信長の政務官としてもキャリアを積んでいく。

当時の義昭・信長にとって気がかりだったのは、北方の若狭《わかさ》国だった。若狭国は、戦国時代に入ると、守護の武田《たけだ》氏が内部対立で力を失い、国内が乱れはじめた。その混乱に隣国越前の朝倉義景が介入して、若狭支配に関与するが、今度は朝倉派と反朝倉派が対立し、畿内を統括していた義昭・信長を頼る者も現れる事態となっていた。

義昭の京都帰還の立役者となった信長と義景は、ここに対立し、元亀元年（一五七〇）四月、信長は越前国敦賀《つるが》（福井県敦賀市）に侵攻する。信長は朝倉方の拠点を陥落させていったが、途中で信長と姻戚関係にあった北近江の浅井長政《ながまさ》が朝倉方につくと、事態は急変する。朝倉・浅井両軍に挟撃される危機に陥った信長は、琵琶湖西岸から京都へ引き上げていった。光秀はこのタイミングで登場する。秀吉とともに、最後尾で敵の追撃を防ぐ殿《しんがり》を務めたようだ。光秀らの活躍により、信長軍は退却に成功したのである。

退却後、信長は光秀と長秀を若狭に赴かせる。光秀は、五月九日付けの義昭の家臣・曽《そ》我《が》助乗《すけのり》宛ての手紙で出陣する旨を伝え、担当業務の引き継ぎを行った。光秀と長秀は、若

朝倉義景画像◆敗者のイメージが定着しているが、越前の治政や若狭国内の紛争、一向一揆勢への対応に奔走した人物でもある　福井市・心月寺蔵　福井市立郷土歴史博物館寄託

狭で朝倉方の武藤友益《むとうともます》から人質をとり、城館を破壊して引き上げたという。

信長と光秀の戦いの日々は続く。八月に摂津《せっつ》で三好三人衆、九月には大坂本願寺《おおさかほんがんじ》・一向《いっこう》一揆《いっき》勢が義昭・信長に対して蜂起する。さらに、朝倉・浅井氏も動き出す。比叡山《ひえいざん》と結び、近江・京都間のルート上にある信長方の要所・近江宇佐山《うさやま》城（大津市）に攻め寄せたのである。守将の森可成《もりよしなり》は宇佐山城を出て、坂本《さかもと》で迎え撃つも、九月二十日、敵方の猛攻を受けて戦死してしまう。

特別史跡一乗谷朝倉氏遺跡全景◆朝倉氏の拠点・一乗谷からは、陶磁器片のほかトイレ遺構など、当時の生活の痕跡が多く見つかっている　福井市　画像提供：福井県立一乗谷朝倉氏遺跡資料館

信長と光秀は、摂津で三好・本願寺勢と戦っていたが移動し、信長は坂本に陣を構え、光秀は近江を望む勝軍山《しょうぐんやま》城（京都市左京区）に布陣した。比叡山方面を牽制するためである。

その後、戦況は膠着し、十二月に入ると将軍義昭・朝廷の調停で、信長と朝倉・浅井両氏は和睦

宇佐山城跡の石垣◆京都と近江をつなぐ要地にあり、石垣をはじめ多数の防御施設が設けられた　大津市　画像提供：滋賀県教育委員会

した。光秀は可成亡きあとの宇佐山城主となり、引き続き朝倉・浅井両氏と比叡山の監視役を務める。

平穏が訪れたかにみえた近江だったが、和睦は長くは続かなかった。元亀二年八月には、織田・浅井両氏は再び対立した。さらに、近江の一向一揆勢や比叡山も浅井氏になびいたようで、信長自身が出馬する事態となった。

光秀も八月二日付けで、近江の有力寺院・芦浦観《あしうらかん》音寺《のんじ》（滋賀県草津市）に、「十八日に殿様（信長）が出陣されますので、お含みおきください」と連絡するなど、慌ただしく動きだす。九月には、近江国雄《お》琴《ごと》（大津市）の有力者・和田《わだ》氏の協力をとりつけることに成功した。

そして、光秀が九月二日付けで和田氏に宛てた手紙には、「仰木《おおぎ》村などはぜひともなで切りにしよう。すぐにわれらの思うようになる」という、穏やかならぬ一文が記されていた。仰木は坂本の北方に位置し、比叡山にも近い村である。なお、手紙が出され

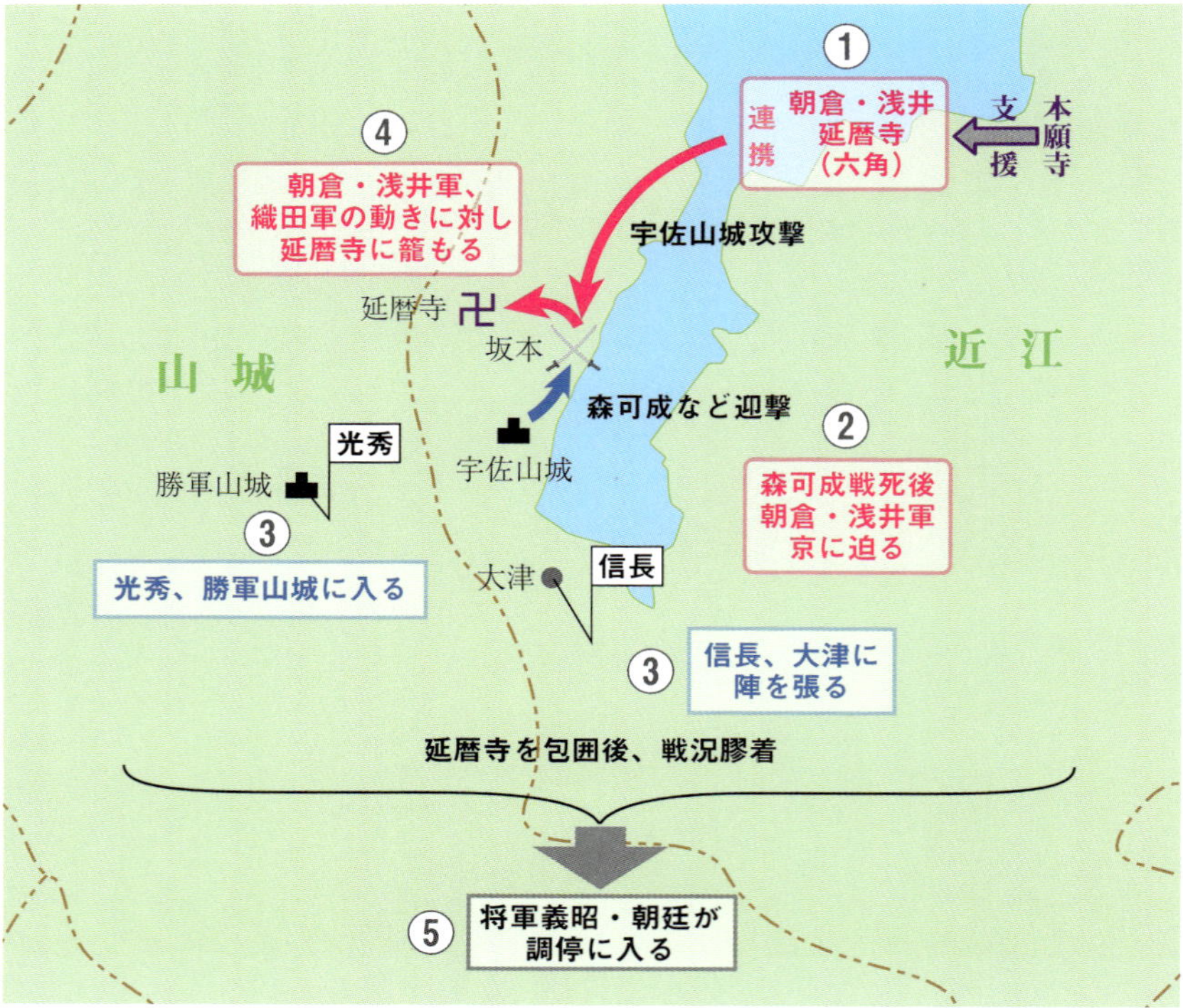

図1　朝倉・浅井・延暦寺攻めをめぐる光秀・信長の動き（元亀元～２年）

た十日後に、信長は比叡山を焼き討ちしている。光秀は比叡山攻撃について、信長と示し合わせていた可能性が高いといえるだろう。

また、手紙には信長に敵対する近江の一向一揆勢の拠点・志村《しむら》城（滋賀県東近江市）などは、信長が「干殺《ひしころ》しをなされた」とも書かれている。光秀が和田氏に近江国内の凄惨な様子を知らせたのは、緊迫した情勢を克明に伝えるためだろうか。そう考えれば、信長の残虐性を物語る出来事として有名な近江攻めにおいて、光秀の存在は非常に大きいものだったといえよう。光秀の近江での日々は、激動のうちに過ぎていったのである。

姉川古戦場◆有名な元亀元年６月の姉川の戦い以外でも、織田軍と浅井・朝倉軍は姉川周辺でしばしば激突した　滋賀県長浜市

ちなみに、近江に睨みをきかせている間、光秀は京都にある吉田《よしだ》神社の神主・吉田兼見《かねみ》（当時は兼和《かねかず》）の邸宅に足を運んでいる。兼見の日記によれば、元亀元年十一月十三日、光秀は兼見邸の石風呂に浸かったという。緊迫する近江情勢による疲れを癒やしたのだろうか。

こののち、兼見の日記にはたびたび光秀が登場し、二人は親交を深めていくのである。

森可成の墓◆朝倉・浅井勢の前に命を散らした可成は、信長近臣として有名な森成利らの父でもある　大津市・聖衆来迎寺境内

3 比叡山焼き討ちで足利義昭と対立

元亀二年（一五七一）九月の比叡山焼き討ちの後、光秀は、信長から近江国志賀《しが》郡と京都の比叡山領の管理を任され、坂本を拠点とした。信長は、比叡山焼き討ちや近江での戦いにおける、光秀の功績を高く評価したのである。

その一方、光秀は将軍義昭に仕える立場を維持し、他の義昭家臣・信長家臣とともに、朝廷復興の資金集めをするなど、京都での実務も行う。戦国乱世にあって、朝廷は直轄地の経営状況が悪化するなど、深刻な財政難に陥っていた。それを復興させることは、京都の平穏維持を担当する者、すなわち義昭・信長の責務でもあった。光秀の業務は、京都と近江の国境をまたぐとともに、義昭・信長の名声にかかわる重要案件だったのだ。

しかし、この頃から光秀と義昭の関係に亀裂が入るようになる。光秀は義昭家臣の曽我助乗に対し、「義昭家臣としての未来像を描けないので、お暇をいただき、頭を丸める許可をもらえるよう、義昭様にお取り成しください」と願い出ている。光秀と義昭の間に、一体、何があったのだろうか。

問題の根源は、光秀の比叡山領への対応にあった。光秀は、どうやら「〇〇の地は比叡山領だったから、管理者の自分が支配する」と言わんばかりに、力ずくで土地の支配権を獲得（押領《おうりょう》）していたようだ。それを正親町《おおぎまち》天皇が問題視し、続いて義昭によるお咎めがあったのである。義昭は、畿内を統括して治安を維持する責務を負っていたから、いくら光秀

比叡山延暦寺の根本中堂◆信長軍に焼き討ちされたことで有名だが、それ以前から戦火にまみれるなど、焼失と復興の連続だった　大津市

とはいえ、見過ごすことはできなかったのだろう。

また、畿内の統括というと、信長もたびたび意見書を出して、義昭との間で支配のあり方を確認している。義昭にとっても、京都支配は手探りの状態で、反発勢力を増やすのは避けたかったのかもしれない。光秀の活動の拡大は、京都の支配をめぐる義昭との対立も生み出していたのである。

『絵本太閤記』に描かれた比叡山の焼き討ち◆炎が渦巻くなか、信長方の将兵が僧兵らを討ち取る光景が描かれる　当社蔵

その後も、光秀は引き続き比叡山領への影響力を強めたようだ。翌元亀三年九月には、比叡山領・高野蓮養坊《たかのれんようぼう》（京都市左京区）について、吉田兼見が「光秀に言いたいことがある」と、藤孝に手紙と使者を遣わした。兼見はその後、「高野蓮養坊は比叡山領の扱いで、光秀が支配している。この問題について、藤孝と里村紹巴が奔走しているが、未解決だ」との結果を得ている。光秀は比叡山領の支配を、急進的に進めていたようだ。

高野の地には、佐竹宗実《さたけむねざね》という領主がいた。宗実もまた、藤孝の従兄弟にあたる人物だ。宗実は光秀との間で、蓮養坊をめぐるトラブルを

柴田勝家画像◆蓮養坊関連以外にも、畿内・越前で戦いをともにするなど接点が多い人物である　『國史画帖大和櫻』　当社蔵

図２　延暦寺周辺の寺社・城郭位置図

抱えており、従兄弟の藤孝や兼見に泣きついたのだろう。光秀・宗実間の争いは、宗実が信長重臣の柴田勝家《しばたかついえ》に、信長への取り成しを求めるなど、多くの要人を巻きこむ事態に発展した。その後、光秀と宗実は藤孝の仲裁を受けて、どうにか和解したようである。

現在に至るまで、〝革命児〟信長に反発する人物としてイメージされることもある光秀だが、意外にもこの時期は、トラブルの当事者として存在していたのである。とはいえ、元亀年間（一五七〇～一五七三）は京都・近江動乱の時期で、光秀のトラブルメーカーとしての一面は、自身が京都・近江支配の要人だったからこそ現れたともいえるだろう。

ちなみに、光秀との間で揉めた宗実は、のちに光秀の有力武将として各地を転戦していく。宗実をはじめとして、比叡山領近辺には多くの有力な領主たちがいた。光秀はときに反発する領主を粛清するなどして、強権をもって京都・近江にまたがる地盤を築いた。それは後年、光秀の活躍の原動力となっていく。

信長との関係を強化した光秀は、京都周辺地域の支配者としての顔ものぞかせるようになったのである。

また、比叡山領の管理に意気揚々だった一方、元亀元年には男児が誕生している。比叡山攻めで躍動をみせた光秀は、公私ともに充実した日々を送っていた。そのようななか、光秀は京都・近江での立ち位置を固めるべく、近江志賀郡内で宇佐山城に代わる新たな拠点づくりを構想していくのだった。

比叡山山頂から琵琶湖を望む◆比叡山は現在の京都市左京区と大津市の県境に位置し、光秀が本拠にした坂本などを眼下に望む　大津市

4 坂本城を築城し、立場を固める

京都と近江で着実に成果を挙げ、信長の信頼を勝ち取った光秀は、本拠・坂本の整備に乗り出した。光秀にとって、生涯にわたって重要な拠点となる坂本城の築城である。築城開始時期はよくわからないが、元亀三年（一五七二）閏正月の時点で、工事は進んでいたようだ。六日には、吉田兼見が坂本の普請《ふしん》（新築）見舞いのため、光秀のもとを訪ねている。光秀の意気込みは、いかほどのものだっただろうか。

しかし、時代は光秀が坂本築城のみに注力することを許さなかった。信長と朝倉義景や浅井長政らとの対決の時が迫っていたのである。近江情勢は築城前から揺れていた。元亀三年正月、南近江では信長と敵対する六角承禎《ろっかくじょうてい》・義治《よしはる》父子が一向一揆勢を煽動し、重臣の佐久間信盛《さくまのぶもり》がその対応にあたった。

三月に入ると、信長が北近江に出馬し、朝倉・浅井軍の中継地点にあたる与語《よご》（余呉）・木之本《きのもと》（滋賀県長浜市）を放火した。信長は十一日までに琵琶湖西部を進んで、志賀郡に入った。光秀は、信長の命で、丹羽長秀・中川重政とともに敵方の木戸《きど》城（大津市）・田中《たなか》城（同高島市）攻めにあたっている。このうち、木戸城攻めは翌年二月まで続いた。

信長も光秀も慌ただしかった。今度は河内《かわち》で、三好義継《よしつぐ》・松永久秀が信長に敵対したのである。しかも、大坂では本願寺が北陸の門徒《もんと》や朝倉氏との連絡を密にし、信長への間接攻撃を画策していた。信長は志賀郡に入った翌日の十二日には京都へ向かい、光秀も四月

湖底から現れた坂本城の石垣◆坂本城は琵琶湖の水を引き入れ、城内に船着き場をもつ水城だった　大津市　画像提供：大津市埋蔵文化財調査センター

に入ると三好・松永対策に乗り出した。光秀は四月四日付けで柴田勝家・佐久間信盛・滝《たき》川一益《がわかずます》とともに、河内の有力者に連絡し、十四日に信長軍が河内攻めをするから協力してほしい、と要請する。こうしてみると、光秀の行動範囲は京都・近江から、京都以西の河内にも広がっていた。信長の敵が動けば動くほど、光秀の活動は多様化し、重臣としての立場が固まっていったのである。

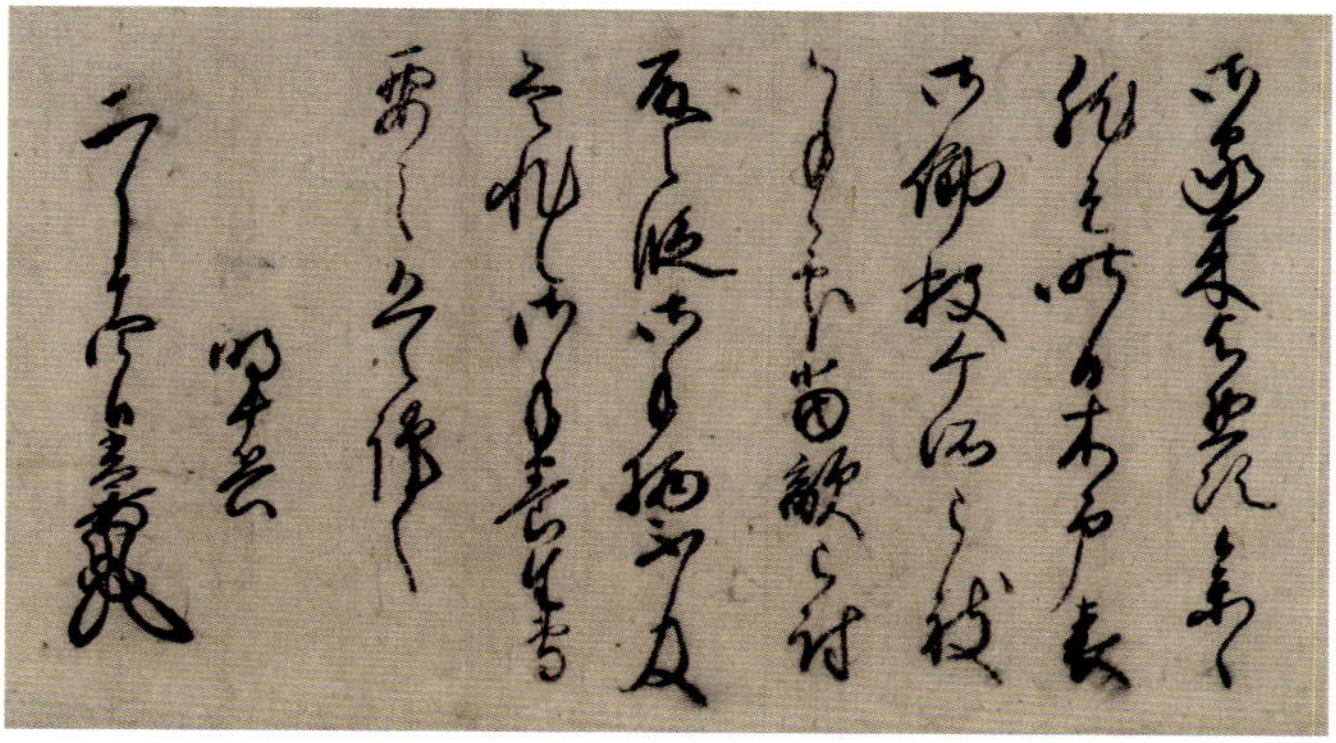

（元亀４年）２月14日付け明智光秀書状◆木戸での戦いで負傷しながらも奮闘した革嶋忠宣を気遣っている　「革島家文書」　京都府立京都学・歴彩館蔵

　光秀は、引き続き近江の戦局にも関与する。五月十九日付けで京都の義昭家臣・曽我助乗に手紙を出し、高島郡内の敵城が陥落したことを義昭に伝えてほしいと連絡している。手紙をみると、琵琶湖西岸の有力領主である林員清《はやしかずきよ》から報告を受けたと記されているのも興味深い。光秀は、近江の領主と連絡をとりながら信長の戦争にかかわり、義昭の家臣を経由して義昭ともつながるという、広い人脈をもっていたのである。

　七月に入ると信長は、再び浅井長政と、長政を救援した朝倉軍への攻撃に注力する。信長は陸上・琵琶湖上の両方で浅井軍を追い詰める戦略に出

三好義継画像◆義昭・信長陣営の協力者から敵に転じた背景には、摂津情勢をめぐる将軍義昭との対立があった　『英名百雄伝』　当社蔵

図3　浅井氏攻め時の光秀と信長の動き

浅井長政画像◆北近江の戦国大名で、信長と同盟を組むも、のちに破棄したこともあり、光秀と同じく「裏切り者」という印象が強い　東京大学史料編纂所蔵模写

た。光秀は湖上ルートを担当している。光秀以外に担当したのは林員清や堅田衆《かたたしゅう》で、いずれも信長が事前に根回しして味方につけた、琵琶湖西岸の有力領主たちである。光秀は湖上ルート担当者で唯一の信長重臣ともいえる存在で、湖上交通に精通する領主との巧みな連携を必要とする重要な役目を担った。

坂本城跡の調査区全景◆写真の手前に建物構築跡が確認されるほか、多数の瓦が見つかった　大津市　画像提供：大津市埋蔵文化財調査センター

十一月には、今堅田《いまかたた》城（大津市。堅田衆とは別）で不穏な動きがあり、光秀は雄琴の和田氏に連絡して援軍を受けている。今堅田での戦いは翌年三月初頭まで続き、その間、光秀は近江や山城の領主と連携して事態の収拾にあたっている。

このように、一年を通して多忙な日々を送るなか、十二月二十四日に坂本城が落成する。信長とかかわりの深いイエズス会宣教師のルイス・フロイスは、後年、坂本城を安土城にも匹敵する名城と絶賛している。名城・坂本城は、光秀にとって元亀三年の活動の総仕上げとなったのである。

坂本のまちなみ◆比叡山延暦寺・日吉大社の門前町として、光秀が入る前から繁栄していた　画像提供：びわ湖大津観光協会

5 信長と義昭が対立、苦境に陥る

元亀四年（天正元、一五七三）二月二十六日、浅井長政が越中国高岡《えっちゅうのくにたかおか》の勝興寺《しょうこうじ》（富山県高岡市）に宛てた手紙には、義昭が信長に敵対の意志を明確に示したという驚くべき内容が記されていた。

だが、信長も義昭の動きについて、藤孝を通じて情報を得ていた。二月二十三日付けで、信長が細川藤孝に宛てた手紙には、「義昭様（公儀《こうぎ》）が逆心されたことについて、重ねてご報告いただき、ありがとうございます」とある。藤孝は義昭が京都に戻って将軍になるまで従い、京都帰還後も活躍した人物だ。入京前から、信長とも頻繁に連絡をとっていた藤孝だが、この時点でどうも信長に内通していたらしい。義昭と信長の板挟みにあい、何とも微妙な立場である。

微妙な立場といえば、光秀もそうだ。もともと義昭に仕えていた光秀は、二年前の元亀二年頃、「義昭のもとを離れたい」と発言するなど、義昭との間で一悶着を起こしていた。義昭家臣の曽我助乗を通じて、義昭とのパイプは維持していたが、藤孝と同等、それ以上に信長と接近していた。光秀は、義昭の行動をどう受け止めたのだろうか。

義昭の蜂起は、光秀が担当する近江西部の情勢にダイレクトに響いた。二月、光秀は前年から敵対した今堅田城などへの対応にあたる。実は、今堅田城での動きには、義昭の息がかかっていた。光秀が管轄した山城や近江西部の領主たちのうち、山本対馬守《やまもとつしまのかみ》や磯谷久《いそがいひさ》

今堅田城跡◆南北朝時代に築かれたとされる。周囲を琵琶湖の湖水に囲まれた水城には敵兵が集結した　大津市

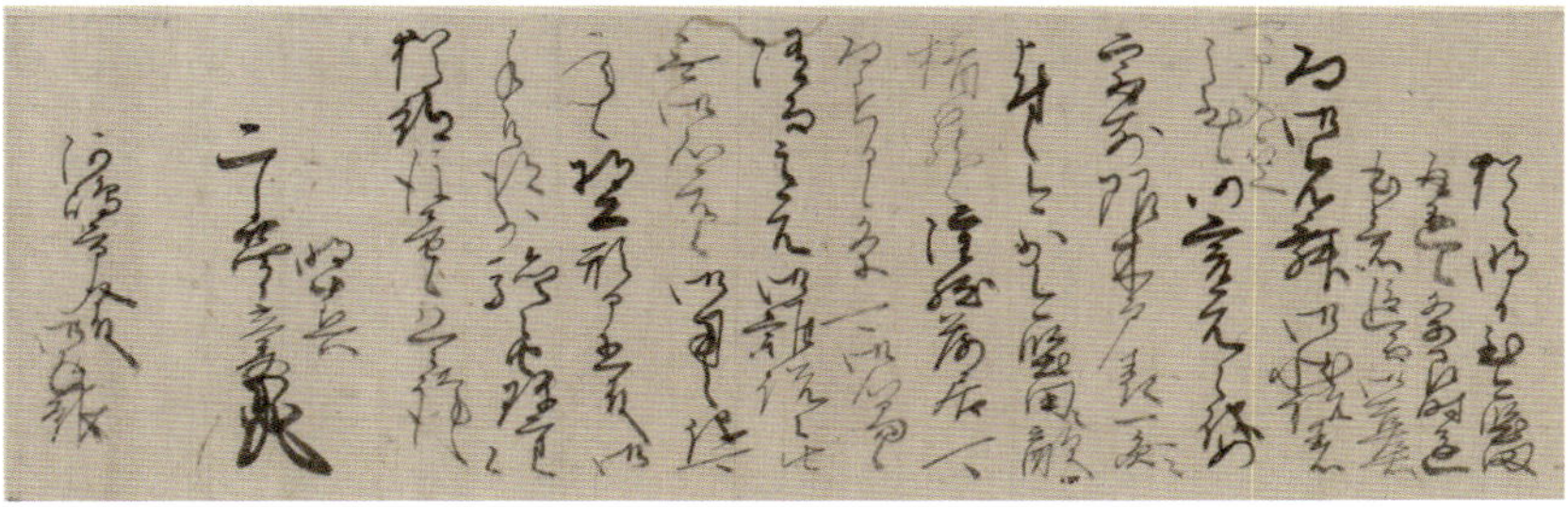

(元亀４年) ２月 24 日付け明智光秀書状◆今堅田攻めの戦況を山城国の革嶋氏に報じたもの。すぐに攻め落とすと意気込む 「革島家文書」 京都府立京都学・歴彩館蔵

次《つぐ》などが、義昭に呼応して反旗を翻したのである。

対応に追われた光秀は、三月一日まで敵軍と激闘した。山本・磯谷両氏は離反したものの、光秀は山城・近江両国で孤立無援というわけではなかった。山城北西部からかけつけた革嶋忠宣《かわしまただのぶ》など、光秀について奮戦する者もいた。二月、忠宣は敵方の近江国木戸での戦いの際に負傷し、光秀はねぎらいの言葉をかけ、二十四日には革嶋氏当主の秀存《ひでまさ》にも手紙を送っている。光秀も、その味方もみな必死だった。光秀ゆかりの坂本の西教寺《さいきょうじ》には、このときに光秀軍として戦い、戦死した人物の命日と供え物の一覧を記した文書が残る（五月二十四日付け）。名が記されたのは全十八名、光秀は彼らを手厚く供養した。

義昭の蜂起は、光秀に大きな犠牲をもたらしたのである。

光秀の遺品とされる花瓶◆仏前に捧げる花を挿す「けびょう」は、明智一族を供養する西教寺に伝わる 大津市・西教寺蔵

6 足利義昭を見限り、信長に仕える

信長の敵対勢力と連携しはじめた義昭は、元亀四年（天正元年、一五七三）二月、信長との関係決裂をはっきりと示し、敵対へと動く。信長と義昭は、政治方針について意見交換をしてきたが、信長方の旗色が悪くなると、それは対立要素へと変貌していった。

岐阜にいた信長は、細川藤孝を通じて義昭側の情報を得ていた。信長は義昭の敵意を知ってもなお、義昭と全面対決をしようとは思っていなかったようだ。信長は三月七日付けで藤孝に宛てた手紙に、「公方様（義昭）の行為はどうしようもない。だが、公方様と私はあくまで主君と臣下の間柄で、私も何度も許してくれるようお頼みしたところ、お聞き入れくださり、わが子を人質として差し出すことにしました」と記している。

しかし、義昭は信長への強硬姿勢を崩さなかった。十日には信長の人質を送り返して、宣戦布告したのである。信長としても、指をくわえて見ているわけにはいかず、義昭のいる京都の将軍御所（京都市上京区）を包囲し、周辺を放火させる。京都の天龍寺《てんりゅうじ》（同右京区）などは、戦いで被災することを憂慮して、信長に安全保障を求めた。さすがの義昭も、京都が戦火にまみれ、人心が離れることを懸念し、信長と和睦することにした。

京都は平穏を取り戻したかにみえたが、義昭は再び信長への蜂起を画策、七月三日、御所を出て槇島城《まきしま》（京都府宇治市）に籠城した。信長は、北近江から琵琶湖経由で坂本に入り、光秀と合流し、その後、京都に移動する。

若江城跡◆三好義継の居城。京都追放後の義昭はここに入ったが、義継が信長の前に敗死したため、その後、紀伊を経て備後鞆の浦へと移った　大阪府東大阪市

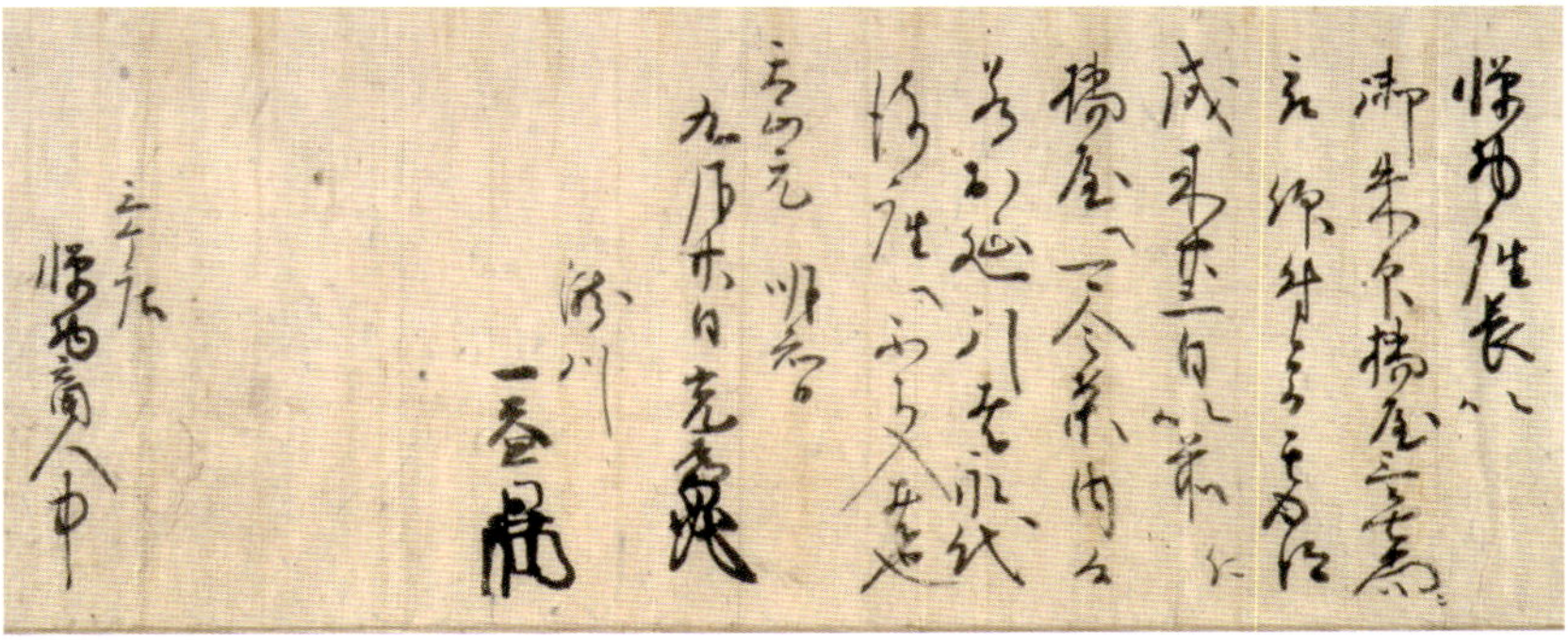

天正元年（1573）9月20日付け明智光秀・滝川一益書状◆光秀は義昭方との戦いののち、休む間もなく越前朝倉氏攻めに加わり、戦後処理も担当した。ここでは、橘屋を軽物座長に任じている　「橘文書」　福井県立歴史博物館蔵

この頃までには、細川藤孝も完全に義昭を見限っていた。義昭と信長の間に立っていた、光秀・藤孝という京都の要人は、ともに信長支持を表明したのだ。十六日には信長軍が槇島城を包囲し、翌々日、義昭は降伏して河内へと移った。室町幕府の、実質的な〝滅亡〟の瞬間である。

義昭方の勢力は、なおも山城国内に残っていた。光秀は、義昭の蜂起による混乱に対応し、義昭方の山本対馬守を攻撃して、十月には滅亡させた。そこにはもう、義昭・信長双方に仕える者としての光秀の姿はなく、以後は信長軍の部将（司令官）として生きていくことになるのである。

槇島城跡◆南山城にあった巨椋池に浮かぶ島・槇島に築かれた城。現在は、石碑が残るのみである　京都府宇治市

7 京都代官となり不動の立場を得る

信長に従って各地の戦いに参加した光秀は、急速に信長からの信頼を勝ち取っていった。活躍は戦時にとどまらず、光秀は、内政でも遺憾なく手腕を発揮する。「天下所司代《てんかしょしだい》」とも称された、京都市政のエキスパート・村井貞勝《むらいさだかつ》とともに、「両代官《りょうだいかん》」として、行政や訴訟への対応を任されたのである。

光秀は、比叡山の僧で医師の施薬院全宗《やくいんぜんそう》の屋敷などを、京都での活動の拠点にしていた。とはいえ、多忙な光秀は全宗邸に常駐しているわけではなく、貞勝と一緒に任務にあたる際に一時滞在していたのだろう。

光秀と貞勝の共同作業は、永禄十二年（一五六九）頃から現れる。光秀が将軍義昭・信長の両方に仕えていた時期だ。光秀と貞勝は、法華宗《ほっけしゅう》の僧で、信長にも近侍した朝山日乗《あさやまにちじょう》とともに、永禄十二年二月、義昭と「御台様」（誰を指すかは不明）の居所近辺での寄宿の禁止を告知している。対象は、前関白《かんぱく》・近衛前久《このえさきひさ》（義昭と対立して京都を離脱）邸の門前と五霊図師町《ごりょうずしちょう》で、京都市中である。光秀と貞勝は、その後も京都の治安維持のため会合を重ね、共同で行政文書を出すことが多くなっていった。

ちなみに、永禄十二年の光秀の手紙をみると、光秀が信長の家臣と連名で京都市中に出した行政文書が複数残っている。光秀と同様、近江での戦闘でも活躍する丹羽長秀・木下（羽柴）秀吉・中川重政といった面々で、彼らもまた光秀と同じくらい多忙をきわめた。

村井貞勝画像◆信長が義昭と上洛してから、一貫して京都市政を担当。画像は出家後（天正九・十年）の姿だろう　東京大学史料編纂所蔵模写

（左ページ）六月二日付け村井貞勝書状◆光秀とともに京都代官を務めた村井貞勝は、京都の寺社に対する連絡業務の元締め的存在だった。この書状は、妙心寺と龍庵寺に宛てたものである　国立国会図書館蔵

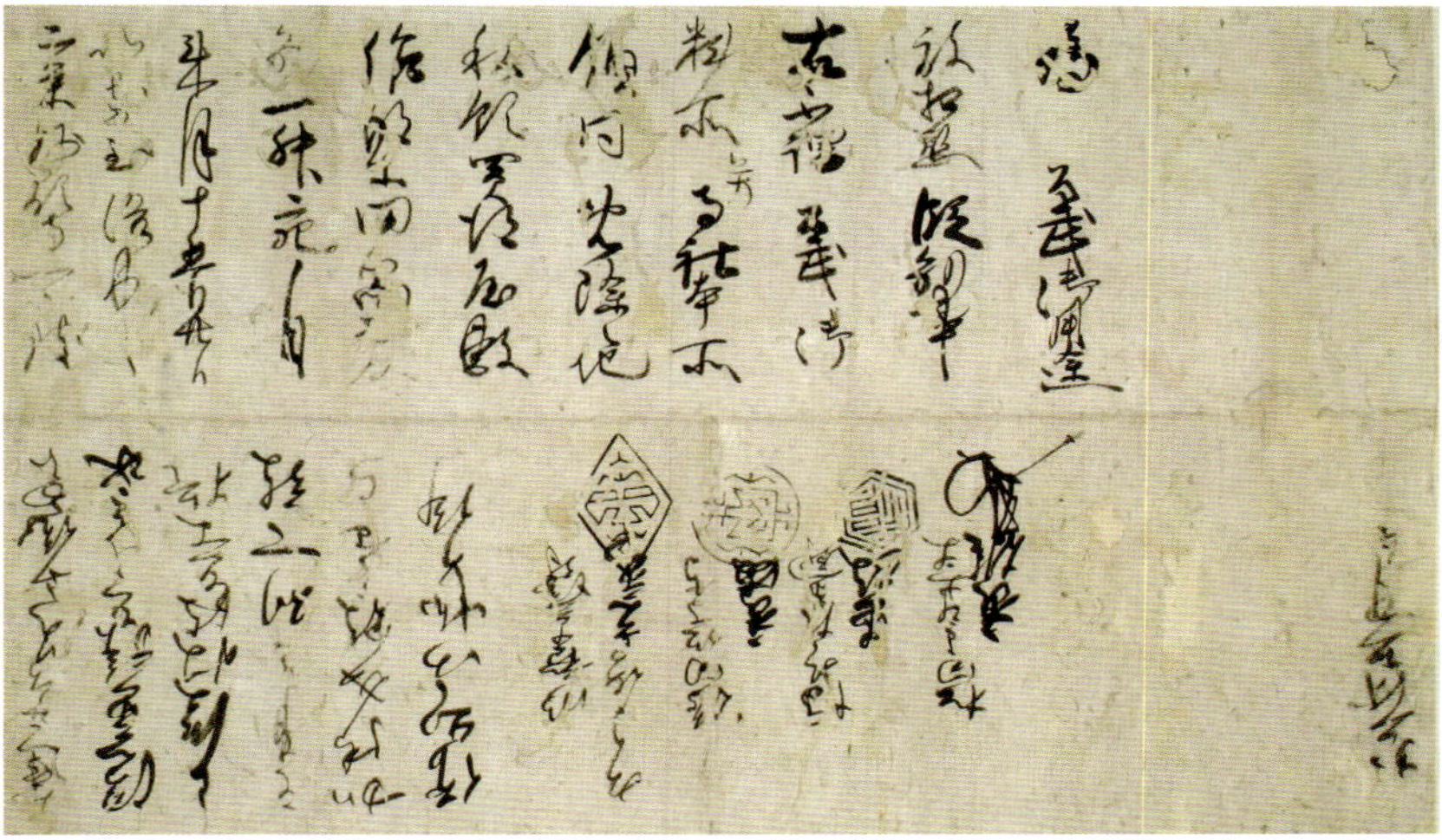

織田氏奉行人連署奉書◆朝廷・幕府保護のための臨時課税を指示した通達。信長の家臣塙直政・島田秀満、幕臣の松田秀雄との連署で、義昭と対立する前の元亀２年（1571）のものとされる。光秀の菱形印は、この１点のみが伝わる　早稲田大学図書館蔵

その後、光秀は元亀二年（一五七一）の比叡山焼き討ちでの功績により、信長から京都の比叡山領の管理権も得た。光秀の京都での存在感は、さらに増したのである。

光秀の京都代官としての仕事は、義昭が信長に追放された元亀四年（天正元）以降も続いた。同年、嵐《あらし》山《やま》近くの妙《みょう》智《ち》院《いん》（天龍寺塔《たっ》頭《ちゅう》）の領内では、地域内での不正により、年貢（租税）納入がままならなくなっていた。どうやら、年貢納入時に今《いま》井《い》という者が間に入って不法行為を行っていたようだ。年貢がきちんと納入されなければ、妙智院の経営は危ういものになるため、住《じゅう》持《じ》は大いに悩んだ。

十二月、光秀は貞勝とともに、事

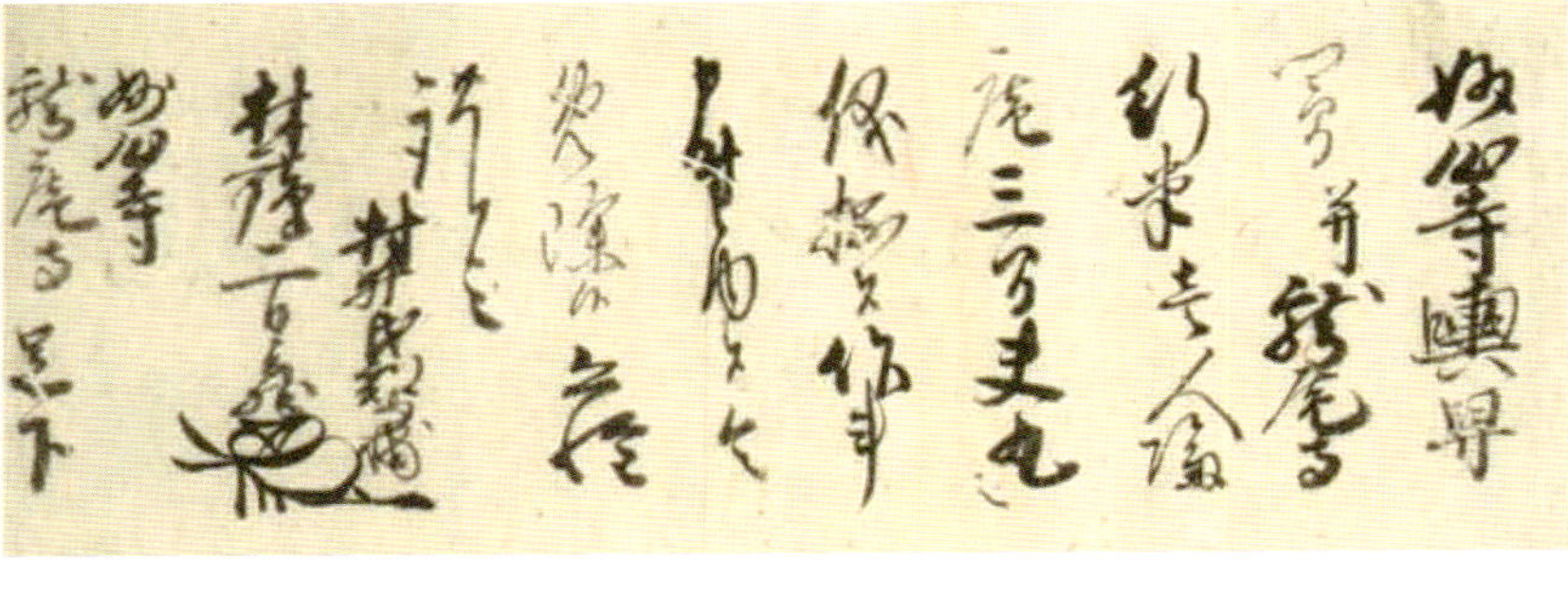

態の解決に乗り出し、住持と耕作者宛てに手紙を出す。そこには、領内の年貢を、耕作者が土地台帳の記載通りに直接納入を行う方式にする旨が記されていた。光秀と貞勝は、手紙のなかで、今井が何か言ってきても無効であることも明示した。年貢納入のクリーン化を図って、妙智院を保護したのである。

将軍義昭が不在の当時、信長は京都で発生する問題を解決して、平穏を維持する責任に直面していた。妙智院の事例にみられるような、寺社や公家の保護は、その最たるものであった。光秀は貞勝とともに、義昭の在京時から継続して京都支配の首

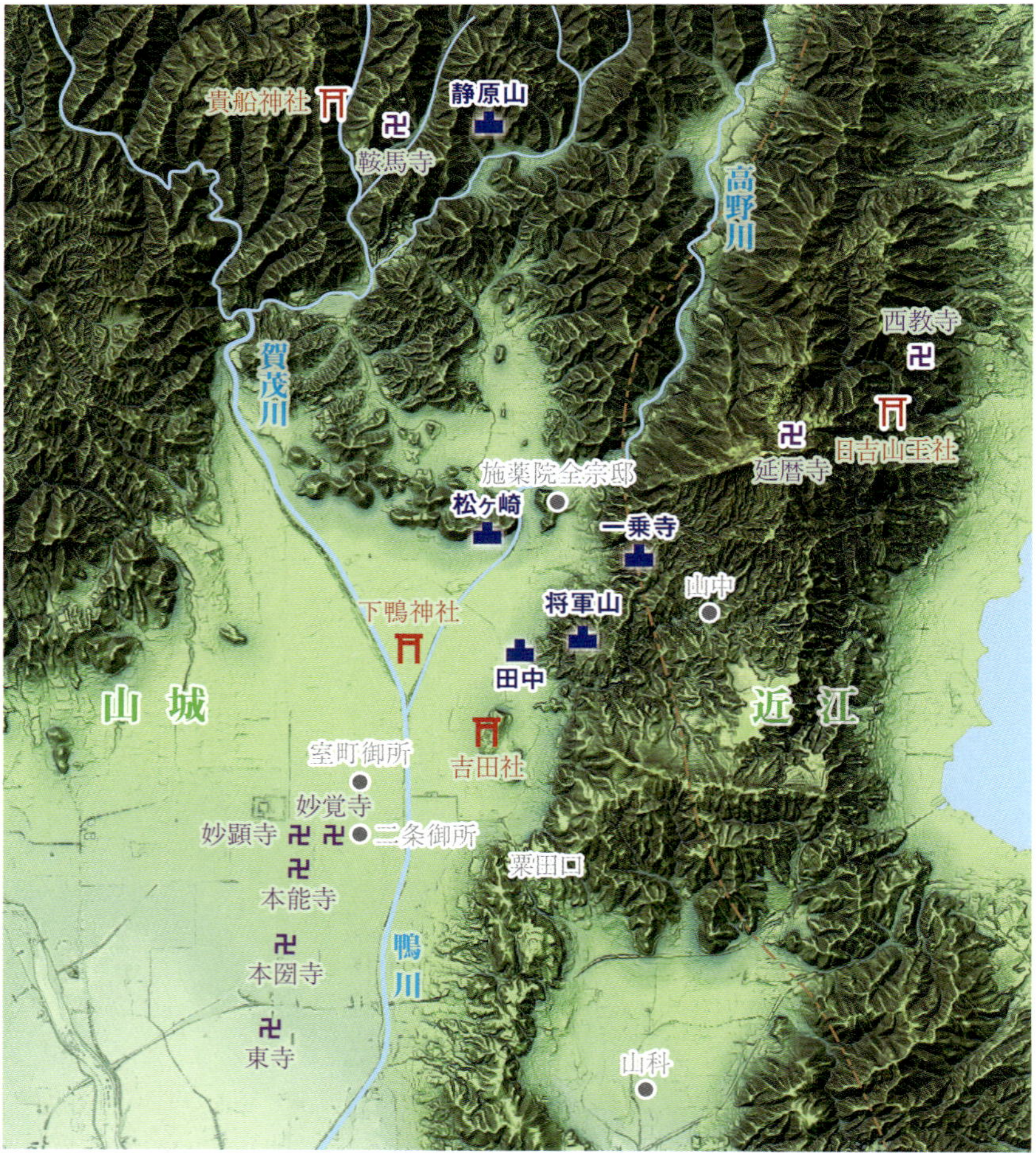

図４　戦国時代の京都周辺地図

脳となり、信長の抱える重責を背負って立っていたのだ。信長の光秀に対する信頼の厚さがわかるだろう。

長期間、京都代官としての職務をこなした光秀だったが、天正三年になると、京都の任務から離れていく。光秀に何かしらの不祥事があったのかというと、そうではない。この頃、京都にほど近い丹波《たんば》では戦乱があり、反信長派の領主たちが活発な動きをみせていた。

丹波情勢は、光秀が京都代官を務めていた頃にはすでに悪化していた。義昭と信長の確執が表面化するや、義昭・信長の共同治政に協力する立場をとっていた丹波国内の足並みが乱れ始めたのである。ついには、義昭と連携して、信長に敵対する者が出る始末となった。丹波情勢の不安定化は、信長・光秀の京都支配の成否にダイレクトにかかわる問題でもある。信長は事態の収拾をはかるべく、光秀を丹波攻めの司令官に指名したのだ。

天正三年というと、信長・徳川家康《とくがわいえやす》連合軍と、武田勝頼《かつより》軍との激闘である長篠《ながしの》の戦いがあった年だ。信長は、西方でも河内で三好氏・大坂本願寺派の軍勢と対峙しつつ、義昭が味方に引き入れようと画策する西国の巨大勢力・毛利氏への対応に迫られるなど、穏やかならぬ状況が続いていた。信長のもとで戦功を挙げてきた光秀に声がかかるのは、当然のことであった。

政務に戦争に、マルチな才能を発揮する光秀は、すでに信長にとってなくてはならない存在となっていたのである。

渡月橋◆光秀が担当した天龍寺の塔頭・妙智院は、渡月橋で有名な嵐山に所在する　京都市右京区

8 多聞城城代ののち、河内に転戦

天正元年（一五七三）十二月、信長方から反信長方に転じていた大和《やまと》の松永久秀が、信長方に再度降伏した。久秀の降伏にあたって、信長側の提示条件は、多聞《たもん》城（奈良市）の明け渡しであった。当時、多聞城は奈良、ひいては大和国の支配における重要拠点であった。久秀が大和国で力を保つうえで必要な地だったが、久秀は明け渡しを受諾、城は信長方のものとなった。

このとき、光秀は近江・山城方面の責任者と京都代官を兼務し、多忙な日々を送っていた。それでも、光秀の活動の広がりはとどまるところを知らない。翌天正二年正月、久秀が明け渡した多聞城の留守をあずかったのだ。光秀は、二月まで奈良周辺の訴訟などを処理していたようである。

光秀の移動はなおも続く。とくに、美濃国東部では武田勝頼軍の動きが活発化し、美濃明智城（岐阜県恵那市）へと迫っていた。二月上旬、信長・信忠《のぶただ》父子が同城の救援に向かい、中旬には光秀も美濃へ赴くことになったのである。当時、信長は越前の一向一揆など、続発する課題に追われていた。信長の多忙さは、そのまま光秀のハードワークにつながった。

美濃救援を試みた信長と光秀だったが、武田軍の勢いを止められなかった。救援は失敗し、光秀も坂本へ帰っていった。坂本に戻ってからも、光秀は前年の将軍・足利義昭蜂起に従った、義昭家臣の処断を担当するなど忙しい。

松永久秀画像◆多聞城や信貴山城など大和国北部を拠点とし、周辺情勢をめぐって信長と離合集散を繰り返した　『絵本豊臣勲功記』当社蔵

光秀は忙しいなかでも、信長への報告・連絡・相談を怠らない。七月に入ると、光秀は摂津・河内方面への対三好・大坂本願寺戦線に加わったようだ。七月二十九日付けで信長が光秀に宛てた手紙には、次のようなことが書かれている。

二十七日付けで送られてきた手紙を今日確認した。しっかりとしていて、実に奇特なことだ。摂津方面の戦況も、手紙をじっくり見れば、まるで目の前で起きているかのように正確である。（中略）光秀は鳥羽《とば》（京都市南区・伏見区）に陣を構え、ぬかりなく準備をしていると聞く。敵が攻撃を仕掛けてきたら、応戦するように。よくよく心得ておくのが重要である。

この頃は、信長による伊勢長島（三重県桑名市）の一向一揆攻めがあり、信長は摂津方面になかなか手が回らなかったようだ。光秀は詳細な戦況報告を行い、信長も光秀に指示を出しつつ、働きぶりを絶賛しているのだ。信長は手紙のなかで、伊勢長島の戦況も光秀に伝えており、信長・光秀間の強い連帯感がうかがえる。同時に、信長の求めに正確に応えていく、律儀な光秀の姿もみえてく

多聞城跡◆当時は豪華な建物・庭園があり、来日していたイエズス会宣教師の間でも評判となった　奈良市

武田勝頼画像◆父・信玄の代からの懸念事項だった織田・徳川両氏との境目での紛争に対応すべく、軍事行動を展開した　甲府市・法泉寺蔵

るだろう。

その後も光秀は、引き続き摂津、そして河内での戦いを担当する。共同して事にあたったのは、かつてともに義昭に仕えていた細川藤孝である。光秀は河内から大和へと戦線を移し、十一月十六日に坂本へと引き揚げた。

光秀は戦地に赴くだけでなく、摂津・河内の戦いに関する文書作成にもかかわっている。丹羽長秀や細川藤孝らとともに、信長方として参戦した紀伊《きい》の根来寺《ねごろじ》（和歌山県岩出市）と連絡したり、本願寺との河内高屋《たかや》（大阪府羽曳野市）での戦いにおける、被災地域周辺の戦後復興にあたっている。光秀のマルチぶり、多忙さをうかがえる活動である。

天正二年という年は、光秀にとって美濃・近江・山城・大和・摂津・河内と、今まで以上に各地の移動に明け暮れた時期となった。信長から絶大なる信頼を受けた光秀は、翌天正三年、丹波攻めの司令官として大軍を任せられる立場となったのである。

図５　天正２年の光秀の動き　地形は現在の地形。以下同じ

第二章　激動の丹波攻めとその経営

丹波八上高城山合戦図◆兵庫県篠山市・誓願寺蔵　画像提供：亀岡市文化資料館

1 丹波攻めの責任者となり、日向守に就任

丹波国の内藤《ないとう》・宇津《うつ》氏は、先年京都が戦乱に陥った時以来、反信長の姿勢を改めようとしない。両人が出頭してこないから、討伐すべく明智光秀を派遣した。忠節に励めば、そなたたちは必ず守ってやる。もし、内藤・宇津に荷担する者がいたら成敗せよ。

天正三年（一五七五）六月十七日付けで、信長が丹波国の味方・小畠《こばたけ》永明《ながあき》（左馬進《さまのしん》・越前守《えちぜんのかみ》。以下、永明）に送った手紙は、次なる戦乱、そして次なる光秀の戦地を知らしめた。信長と足利義昭の対立の余波は、京都の北方・丹波国にも及んでいたのだ。

七日付けで信長が丹波国の川勝継氏《かわかつつぐうじ》（大膳亮《だいぜんのすけ》）に送った手紙には、「明智光秀を向かわせる。引き続き奔走し、忠節を尽くすのが重要である」とみえる。光秀の丹波出陣は六月七日前後には決まっていたようだ。ちなみに、信長は先陣を永明に命じている。

光秀は信長の斡旋により、七月に日向守《ひゅうがのかみ》に任じられた。この際に、惟任《これとう》の名字も与えられ、「惟任日向守」と名乗るようになっていた。丹波攻めの重責を担う織田軍の最有力者の一人として、信長の期待を一身に受けたのである。

責任が増した光秀は、信長の手紙で示された通り、丹波へと出陣する。光秀は、七月二十四日付けの手紙で、永明に道具や人員手配の準備に励むよう要請している。手紙によれば、光秀は二十六日に宇津（京都市右京区）で合戦すべく、桐野河内《きりのごうち》に出陣する予定だったようだ（雨天時は二十七日に順延）。

現在の篠山市の風景◆四方を山に囲まれた盆地で、東西に篠山川が流れる　兵庫県篠山市

信長の指示を受け、光秀は七月から八月にかけて、敵の丹波勢と戦った。だが、戦況は思わしくなかった。光秀は、八月二十一日付けで永明に、「傷の具合はいかがですか。心配です。その後、使者を遣わして連絡しようとしましたが、遠路のため叶わず、本当に残念です。くれぐれもご養生ください」と書き送った。丹波で敵と戦った永明が負傷してしまったのだ。

当時、光秀は丹波を離れていた。信長が北陸で抱える敵・越前一向一揆の討伐と、その戦後処理に忙殺されていたのである。織田勢は越前国内の一揆方、反一揆方の対立に介入し、一揆方に猛攻を加える。越前国内の被害は甚大で、戦後処理は急務だったため、光秀はまさに両手をふさがれた状態だった。

永明への手紙のなかで、光秀は「今は越前国の豊原城《とよはら》（福井県坂井市）にいます。加賀の一揆勢も大方問題なく対応できます。すぐに処理して宇津に直行して戦うようにします」と伝えている。光秀は、電撃戦を行うことを約束し、丹波の戦線を立て直そうとしたようだ。

光秀としては、永明の気持ちが離れてしまうのも恐ろしいことだった。「今回の戦いは、お考えになっているほどの恩賞は

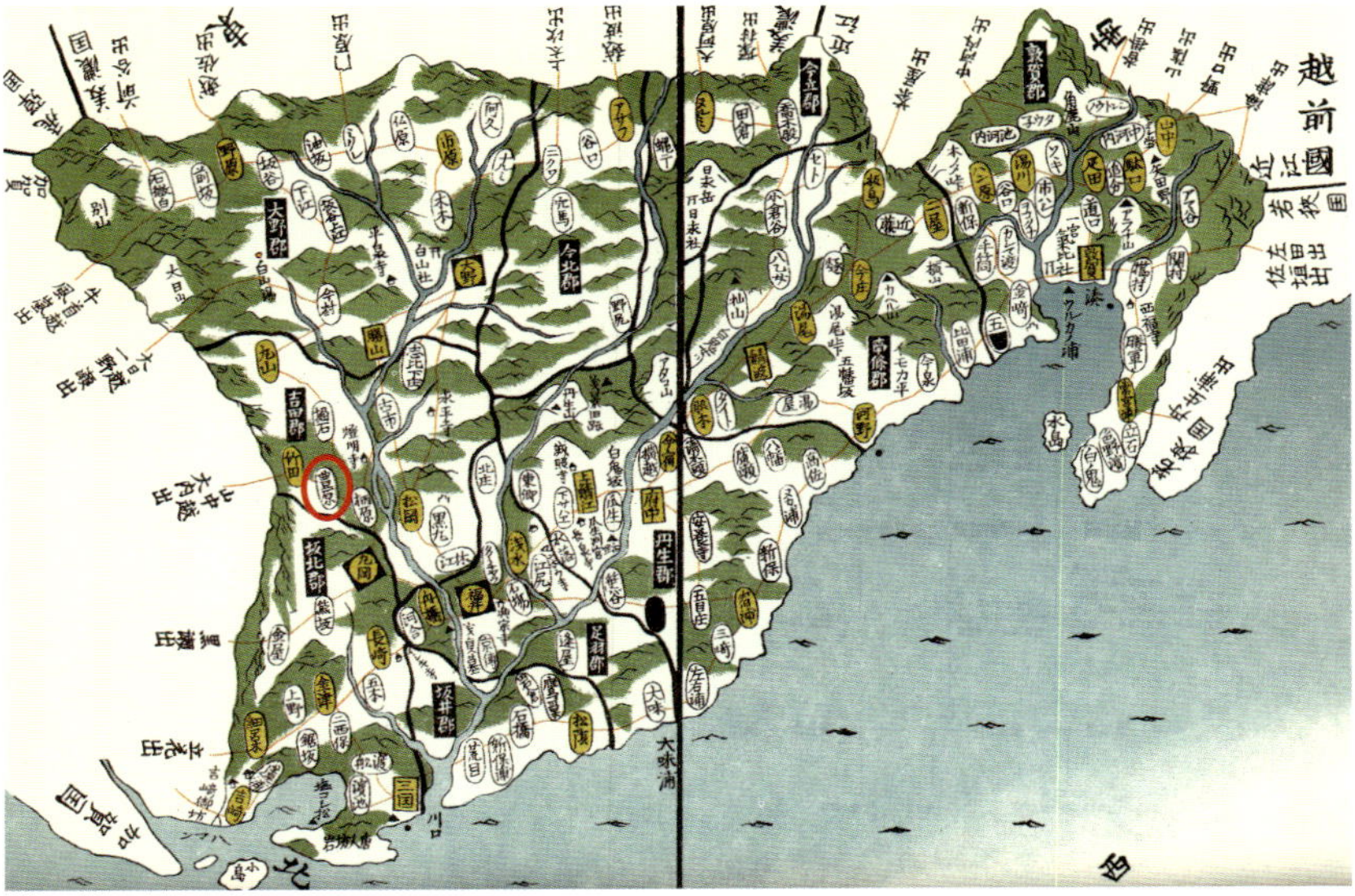

越前国絵図（国郡全図並大名武鑑）◆赤丸部分は、光秀が滞在した豊原。当地にある豊原寺は一向一揆勢の拠点となり、織田軍の猛攻を受けて被災した　当社蔵　一部加筆

出ないのですが、何とぞご協力ください」と伝えた光秀は、丹波の味方の心をつなぎ止めようと腐心したのである。

しかし、永明の具合は良くならなかった。九月十六日付けの手紙で、光秀は永明に、二十一日に丹波に出陣する予定だと伝え、療養を優先して無理は控えるよう言っている。光秀の気遣いの一端がうかがえよう。

光秀は、予定からやや遅れて、二十三日に越前から近江大津へ戻る。光秀は、十月四日付けの手紙で、里村紹巴に丹波へ急がなければならないと告げ、八日前後に同国へと出陣した。

光秀にとって、天正三年は、京都代官から丹波攻め責任者への転任、惟任賜姓・日向守任官、越前・丹波への移動と慌ただしく過ぎていった。丹波での戦いの日々はまだ始まったばかり、翌年以降、丹波の敵軍は光秀を苦しめていくのである。

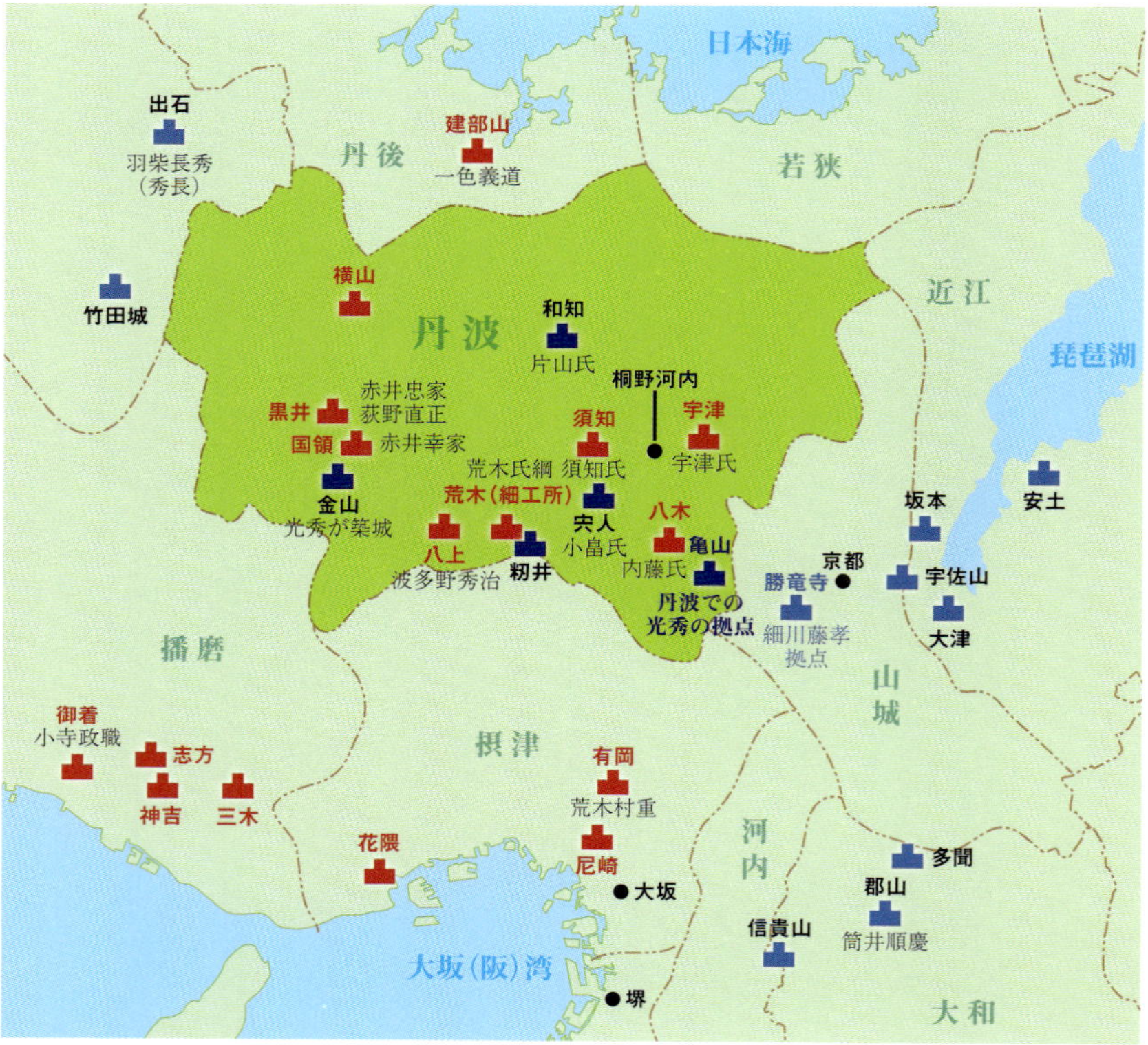

図６　丹波国と周辺諸国の勢力図

2 難敵、丹波国衆に大敗を喫する

光秀の丹波攻めの動きは、周辺各地の領主たちの反響を呼んだ。丹波国に隣接する但馬《たじま》国の有力領主（郡・荘規模を支配する領主で、国衆《くにしゅう》ともいわれる）・八木豊信《やぎとよのぶ》は、天正三年（一五七五）十一月二十四日付けで、毛利氏の重鎮で山陰方面担当の吉川元春《きっかわもとはる》に手紙を送り、光秀の動きについて報告している。当時、織田氏と毛利氏は協調関係にあった。

豊信の報告によれば、「織田方の但馬出石《いずし》城（兵庫県豊岡市）・竹田《たけだ》城（兵庫県朝来市）からの要請で、惟任日向守（光秀）が丹波に乱入しました。荻野悪右衛門《あくえもん》（直正）は竹田から撤退し、黒井城に籠もっています。光秀軍は黒井城を包囲し、城内の物資ももたないので、来春には決着がつくだろうとの噂が立っています。丹波の領主たちはほとんど光秀側です」という。

豊信の報告に登場する荻野直正と、その本流である赤井氏は、義昭・信長から丹波国内三郡（氷上《ひかみ》・天田《あまた》・何鹿《いかるが》）の支配を認められた大勢力だった。直正は三郡を維持する一方で、隣国但馬国の出石城や、竹田城をおさえる山名氏との間で対立を深めていった。山名氏は吉川元春に降伏してその後援を得ていたが、直正勢が攻めてくると信長に救援を要請する。山名氏からの要請により、信長は光秀を派遣し、直正勢と戦わせたのである。直正には、かねてから信長と反目する義昭と通じているという噂が絶えなかったこともあり、信長は

竹田城跡◆毛利・織田氏を渡り歩いた山名氏の拠点。山名方の有力領主・太田垣輝延が守っていた　兵庫県朝来市

黒井城主郭部全景◆南北朝時代に赤松氏が猪ノ口山を削って構築し、その後赤井氏、光秀重臣の斎藤利三と城主が変わった　南側上空より撮影　『史跡黒井城 保存管理計画策定報告書』（兵庫県春日町、1993年）より転載　丹波市教育委員会蔵

二人の味方のうち、山名氏の支援を選んだのだろう。豊信の報告に従えば、信長の意を受けた光秀の丹波攻めは、十一月の時点で有利に進んでいたようだ。

　光秀方についた丹波の領主の活躍も目覚ましかったようで、翌年二月二日付けで、荒木藤内《あらきとうない》に黒井城での戦功を労う手紙を送っている。

　丹波国曽祢《そね》村（京都府京丹波町）に宛てた二十日付けの手紙では、村内の百姓が氷上郡での戦いで活躍したから、諸役・公事《くじ》（村内で捻出される公的な負担）を免除する、と記されている。二通の手紙だけをみると、光秀方の金星とでもいえようか。

　しかし、実際の事態は異なっていた。正月十五日に、信長方だった丹

黒井城跡遠景◆赤井一族から荻野氏を継いだ直正は、この城を軸に周辺地域に勢力を拡大していった　兵庫県丹波市

波の八上城主・波多野秀治が信長方を離脱し、光秀は黒井城で敗走していたのである。そして、二十一日には京都まで戻っており、光秀の黒井城攻めは失敗に終わってしまったのだ。

その頃、信長に敵対する荻野直正・赤井忠家《ただいえ》といった丹波の領主たちは、吉川元春に「元春殿の戦争に加勢します」と伝えていた。天正四年、織田・毛利氏間の関係は、両氏が参入していた播磨や備前への対応をめぐって、急速に悪化していた。丹波の反信長方は、毛利氏と手を組むことで、陣容を整えようとしたのだろう。

五月の光秀方の戦況の悪化をみると、二月に荒木藤内や曽祢村に送った手紙は、敗れた光秀が、味方として戦ってくれた者たちをフォローしたものと考えられる。光秀は丹波の領主、そして彼らと裏で結んだ毛利氏への対応に苦しむことになり、以後、丹波攻めは中断することになってしまった。

丹波攻めというと、戦後、信長が波多野秀治とその弟を磔にし、その報復として光秀の母が殺されたというエピソードが伝わっている。光秀の動きも、どちらかというと八上城攻めにおける光秀・秀治間の応酬が目立つ。そのため、信長の積極的な外征策とみなされがちだ。しかし、信長が光秀を丹波国に派遣したそもそもの理由には、将軍義昭方勢力との争いの鎮静化という事情があったのである。光秀・信長からすれば、丹波情勢がここまで混乱し、さらには毛利氏まで呼び込んでしまったのは、もしかすると予想外だったのかもしれない。

吉川元春画像◆山陰方面の軍事行動を担当した「毛利両川」の一翼。この時期は敵対する山名氏と和睦するなど、但馬の領主と頻繁に連絡を取っていた 『英名百雄伝』 当社蔵

3 足利義昭・織田信長の対立と丹波国衆

そもそも、足利義昭方勢力との争いはなぜ起きたのだろうか。永禄十一年（一五六八）十月の室町幕府再興以来、義昭と信長は互いに助け合い、政治・軍事活動を行ってきたが、元亀四年（天正元、一五七三）二月、義昭が反勢力と手を結び、信長へ敵対したことで関係は終わった。結局、七月に信長は義昭を京都から追放することになるが、以後、中央政局の動きに絡み、各地では義昭方と織田方に分かれ、争乱が広がっていくことになる。

京都の北西に立地した丹波国は、朝廷や室町幕府の所領（御料所《ごりょうしょ》）が多くあり、当時の「日本国」の中央・畿内と関係が深い要地であった。「丹波国衆」と称された同地の武家勢力（内藤氏・荻野氏・波多野氏など）は、たびたび室町幕府や細川・三好両氏による中央政局の動きに関わってきた。そして、義昭・信長が三好氏を追い、室町幕府を再興したときも、丹波国衆は義昭・信長に応じ、以後も両者のもとで活動してきた。

しかし、義昭と信長の対立で、もともと丹波国衆の間で生じていた「不和」（関係悪化）に、この両者の決裂が波及して、国内での対立を広めていく。

義昭方として、いち早く立場を鮮明にしたのは、桑田郡の宇津頼重《よりしげ》、船井郡の内藤氏を率いる内藤如安《じょあん》であったようだ。とくに、宇津頼重は信長との関係に亀裂が入る前から、義昭が甲斐武田氏や越前朝倉氏ら対立勢力の攻勢で万一の場合になったときに備え、義昭を受け入れる準備を進めていた。義昭は見返りとして、頼重に「御供衆」という身分を与

内藤如安ゆかりの地の碑◆元亀四年四月、信長といったん和睦した義昭は、如安の居城・八木城へ移ろうと試みて断られてしまったという。如安はキリシタンとして有名で、のちに光秀に八木城を落とされるが、生き延びて信仰を保った　京都府南丹市

えた。また、内藤如安は義昭が信長へ敵対の意向をはっきり示し、京都二条御所に籠城すると、義昭を援護すべく、宇津頼重とともに軍勢を率いて入京している。

さらに、将軍義昭方には、丹波奥郡（氷上・天田・何鹿の三郡）の有力勢力であった荻野直正・赤井忠家が加わる。一方、丹波国内の義昭方勢力に対し、船井郡の国衆・小畠氏らは織田方へ接近する。背景には、丹波国内における国衆間の対立が関わっており、その解決と今後の保護を織田氏に求めたのだろう。

天正三年（一五七五）四～五月、畿内における義昭方勢力を大坂本願寺のみの状況に追い込み、甲斐武田氏を長篠の戦いで破った信長は、自身に味方する小畠氏らの協力をもとに、丹波国内の義昭方勢力の軍事征伐に取りかかる。このとき、丹波侵攻の総大将に抜擢された織田家重臣こそが、明智光秀であったのである。

『丹波八上高城山合戦図』に描かれた波多野秀治本陣◆丹波国を代表する国衆の秀治は、当初、義昭を支える信長に協力的だった　兵庫県篠山市・誓願寺蔵　画像提供：亀岡市文化資料館

『絵本太閤記』に描かれた荻野直正の最期◆直正は別名を赤井悪右衛門といい、信長と対立した義昭に味方し、越前朝倉氏・大坂本願寺・甲斐武田氏といった反織田勢力と連絡をとった。図の題名に「討死」とあるが、実際は病死である　当社蔵

4 たび重なる苦戦で病に倒れる

丹波攻めが中断されても、光秀には休みはなかった。今度は原田《はらだ》（塙《ばん》）直政《なおまさ》・細川藤孝らとともに、大坂本願寺勢に対応すべく、摂津方面へ転戦したのである。

ここで、光秀は窮地に陥る。天正四年（一五七六）五月、光秀ら信長軍は、摂津天王寺《てんのうじ》砦（大阪市天王寺区）などを拠点に本願寺勢と戦っていたが、散々に撃ち破られてしまう。信長軍は原田直政を失い、大和の松永久通《ひさみち》（久秀の子）には死亡説が流れるほどに壊滅、光秀らは天王寺砦を本願寺勢に囲まれてしまった。

七日、信長が大軍を集めて光秀らの救援にかけつけると、光秀は九死に一生を得た。すると、今度は信長方が攻勢に出て、大坂を包囲する（天王寺の戦い）。

とはいえ、大坂の本願寺方の守りは堅く、長期戦の様相を呈しはじめた。その矢先、多忙をきわめた光秀は、とうとう体力の限界を迎えてしまう。大坂を包囲している最中の二十三日、病に倒れたのだ。光秀は戦線を離脱し、京都で療養することになった。光秀はしばらくして坂本城へ戻ったが、十月に入ると、今度は光秀の妻・熙子が京都で病にかかってしまった。熙子は一時、快方に向かったようだが、十一月七日に亡くなったといわれる。

信長のもとで八面六臂《はちめんろっぴ》の活躍をみせていた光秀は、天正四年、公私で大きな挫折を迎えることになった。それは同時に、光秀が仕えた信長にも、大きな痛みをともなうものだったのである。

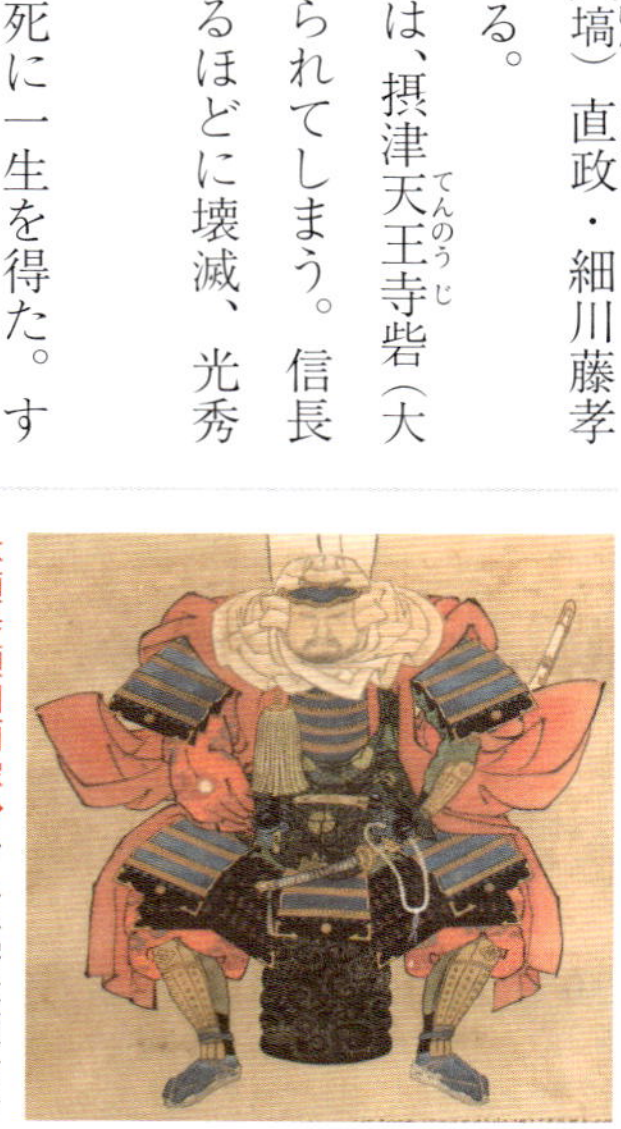

本願寺顕如画像◆浄土真宗本願寺派の第十一代宗主。大坂周辺での戦いでは周辺勢力と連携して、信長・光秀を大いに苦しめた　石川県立歴史博物館蔵

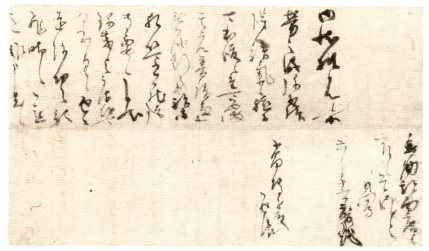

6月13日付け明智光秀書状◆丹波対策の要・小畠永明に宛てた手紙。自身の病状と、丹波対策の指示内容が簡潔に記されている　一般財団法人太陽コレクション蔵

心身ともに摩耗していた光秀の様子を心配する者もいた。光秀不在のなか、丹波国の戦局を見つめていた小畠永明である。光秀は永明からの手紙に感謝し、「具合は良くなってきたので、ご安心ください」と告げる。

だが、光秀が伝えたのは自身の病状だけではなかった。永明に対し、「丹波で城の建設などに励んでいるのは、素晴らしい。何かあれば、ご連絡ください」とも言っている。光秀は病を抱えながらも、丹波情勢など、自身が関与する問題への目配りを忘れなかったのである。そして、光秀は難航している丹波攻めへの対策として、ある工事計画を練っていた。場所は京都と丹波国の結節点にあたる亀山（京都府亀岡市）だった。

熙子の墓石◆光秀が快復しはじめた矢先に倒れた熙子は、吉田兼見の祈念などで一時は復調するも、帰らぬ人となった　大津市・西教寺境内

5 丹波攻めの拠点、亀山城を築城

天正五年（一五七七）正月晦日付けで、光秀が小畠永明らに送った手紙には、「来る五日から十日の間、丹波国亀山の惣堀《そうぼり》設営工事を申し付ける」とあり、光秀の新たな拠点設置のスケジュールが示されている。前年、丹波の敵方との戦いに苦しめられた光秀は、心身ともに疲弊しながらも、次なるステップへと歩みを進めたのだ。

亀山城の建設工事は前年の天正四年から始まったといわれる。天正四年といえば、光秀が丹波攻めで苦杯をなめ、摂津天王寺の戦いでは窮地に立たされた挙げ句、過労がたたって病床に伏した年である。加えて、妻も病に倒れるなど、光秀にとっては苦しい一年だった。光秀は、それでも心身にムチを打って、亀山築城の指示をしていたのだろうか。

工事に関する手紙は、永明宛てのものがいくつか現存している。光秀は永明と工事に関する連絡をとりつつ、労いの言葉をかけている。天正四・五年のものと思われる七月二十四日付けの手紙では、「亀山築城の担当者（奉行）同士でよく相談し、光秀が現地へ赴く二十七・八日ころまでには取り決めをしておくように」と伝えている。

光秀は当時、本拠地の近江坂本と亀山を行き来し、築城担当者と連携をとりながら、工事の進捗を把握していたようだ。亀山築城からは、光秀のまめな一面がみえてくるだろう。

天正五年も、光秀はやはり早々から忙しい。二月、信長は光秀・細川藤孝・荒木村重《むらしげ》を紀州雑賀《さいか》攻めに向かわせた。信長は藤孝に、「光秀・藤孝・村重の三人でよく話し合って

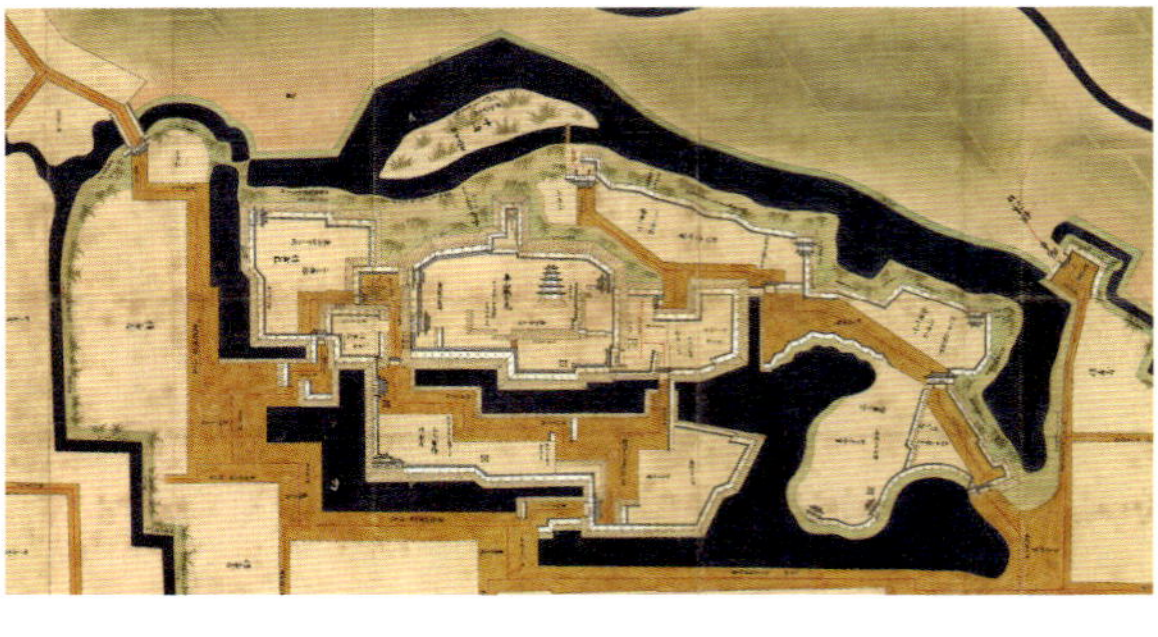

丹波国亀山城絵図（正保城絵図）◆十七世紀半ばに江戸幕府に提出された絵図。水堀で囲われた城であることがみてとれる　国立公文書館蔵

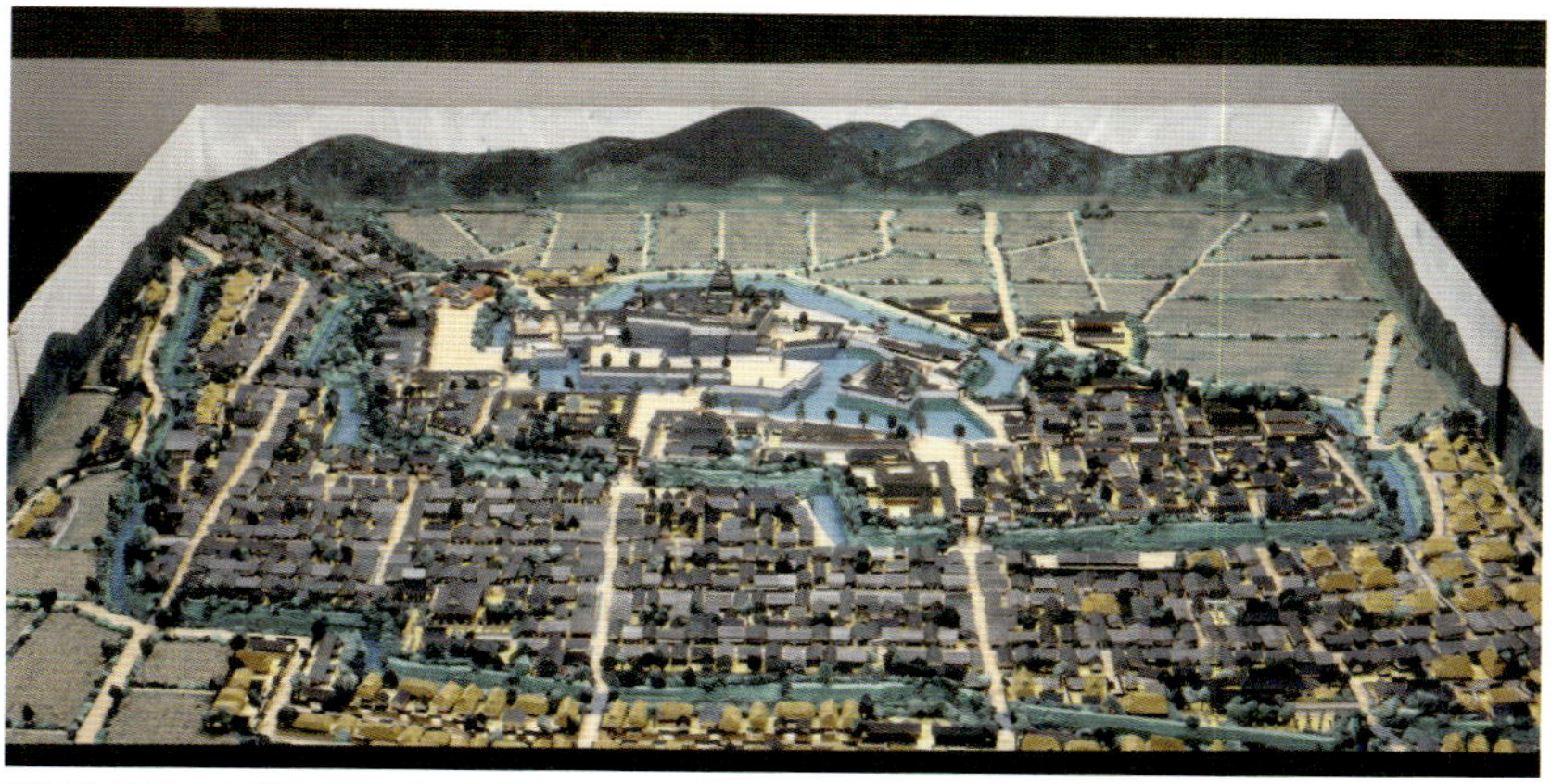

丹波亀山城下町復元模型◆亀山城は、17世紀初めに大規模な修築工事が行われ、近世城郭・城下へと変貌していった　亀岡市文化資料館保管

戦いの方針を決めるように」と命じている。

当時の藤孝は、桂川《かつらがわ》を通じて京都につながる西岡《にしのおか》の支配を任されており、信長の京都支配における首脳である。

一方の村重は、もとは摂津国の池田《いけだ》氏に服属していたが、武名を高めて、次第に池田氏を上回る力をつけていった。信長も村重の実力を高く評価し、雑賀攻め開始当時には、摂津国内の紛争解決を任されるほどに重用されている。

雑賀攻めは、信長方の畿内経営の首脳たちが一堂に会した戦いだったのだ。また、のちに光秀は村重・藤孝との間で姻戚関係を結び、関係をより強化していった。

雑賀攻めは三月まで続き、信長も出馬して、中旬には反信長方の指導者を降伏させたようである。

亀岡城天守古写真◆明治五年（一八七二）撮影。伊勢国亀山（三重県亀山市）との混同を避け、明治二年、丹波国亀山は亀岡と改称された　美田村顕教氏撮影　画像提供：亀岡市文化資料館

6 大和攻めで活躍し、丹波攻撃を再開

天正五年（一五七七）八月に入ると、光秀は大和へ赴く。大坂本願寺の包囲にあたっていた松永久秀・久通父子が天王寺砦から突如撤退し、大和信貴山《しぎさん》城（奈良県平群町）で信長に反旗を翻したのだ。

信長としては久秀の離反は痛手だったのだろう、何度も使者を派遣して、久秀の翻意を促した。しかし、久秀は信長への帰参を断り続けた。説得が困難と判断した信長は、嫡子・信忠を総大将として久秀・久通父子の討伐に乗り出した。光秀は、細川藤孝や大和の筒井《つつい》順慶《じゅんけい》らと畿内の信長軍を率いて戦いの場に出た。

十月一日、光秀ら織田軍は、松永方の大和片岡《かたおか》城（奈良県上牧町）に攻め寄せる。片岡城を守る松永勢は激しく抵抗したため、攻城戦は激戦となった。織田軍は多くの犠牲者を出しつつ片岡城を攻略、信長の家臣だった太田牛一《おおたぎゅういち》の『信長公記《しんちょうこうき》』では、光秀と細川忠《ただ》興《おき》ら藤孝の子どもたちの活躍が目覚ましかったと回顧されている。光秀らの活躍もあり、十日、織田軍は松永久秀・久通父子を信貴山城で自刃に追い込んだ。

軍功を挙げた光秀には、すぐに次なる任務が待ち受けていた。信長は、十月二十日付けで筒井順慶に宛てた手紙で、「惟任日向守（光秀）に任務を与え、他の場所へと派遣した」と伝える。光秀は細川藤孝とともに、十月末に丹波籾井《もみい》城（兵庫県篠山市）を攻めている。丹波攻めが再開されたのだ。

片岡城の大空堀跡◆主郭（城の中心部）の背後にある大規模な堀で、水は張られていない。外敵の侵入を防ぐ設備としての役目を果たした　奈良県上牧町

天正五年は、亀山を拠点に定めた光秀が、丹波で反撃の狼煙を挙げる年となった。しかし、畿内情勢は松永攻めの後も変転し続けていく。光秀が丹波攻めに全神経を注ぐには、もうしばらく時間が必要となるのである。

筒井順慶坐像◆松永久秀とは宿敵の間柄。光秀の仲介によって信長に属したともいわれ、大和国内外で光秀と行動をともにする　筒井順慶木造保存会蔵　画像提供：大和郡山市教育委員会

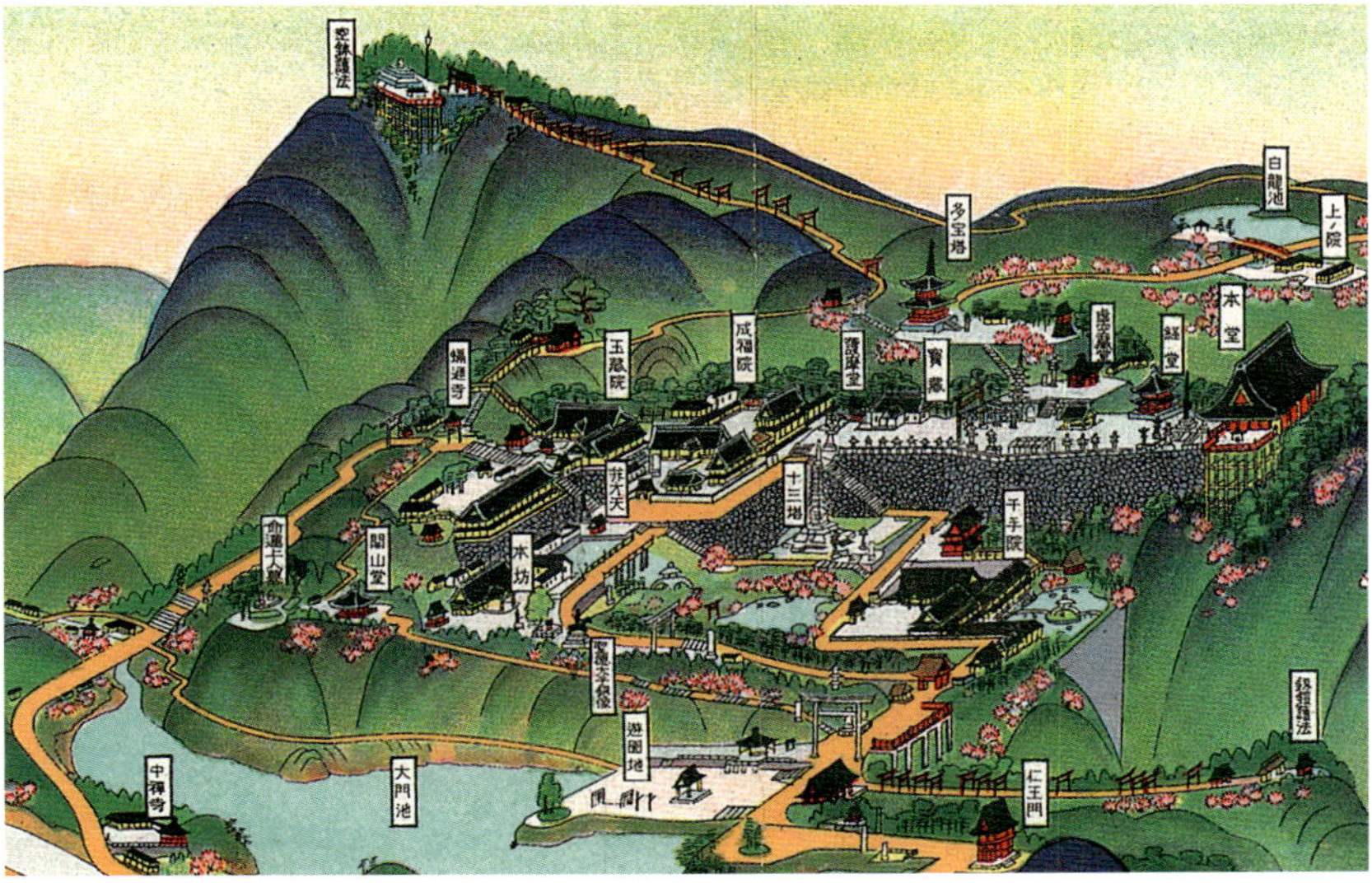

大軌信貴山電鉄交通図絵（部分）◆信貴山城は、大和国と河内国の国境にある信貴山に築かれた城郭。山の中腹にある寺院は、朝護孫子寺である。吉田初三郎画　個人蔵

7 上月城の救援のため毛利氏と戦う

天正六年（一五七八）三月、細川藤孝は京都にいた従兄弟・吉田兼見のもとを訪れ、「明日坂本に行く」と言って去っていった。坂本といえば、光秀の本拠地である。光秀と藤孝は、前年十月にともに丹波籾井城を攻めている。藤孝が光秀のもとへ行ったのは、丹波攻めの相談のためだったのだろうか。

三月の中旬には、丹波における光秀の強敵・荻野直正が死亡したという情報が舞い込んできた。光秀にしてみれば、丹波につけいる隙ができたといっても過言ではないだろう。

しかし、事はやすやすとは進まなかった。当時、信長は大坂本願寺、それを支援する西国の大勢力・毛利氏や、越後の上杉氏との対立を抱えていた。畿内を中心に活動する光秀も、織田対本願寺、織田対毛利の図式に翻弄されていくことになるのである。

四月四日、光秀は信長嫡子の信忠に従って滝川一益・丹羽長秀らと大坂へ赴き、翌日から翌々日にかけて周辺の麦を刈り取り、敵地に損害を与えた。光秀は休む間もなく十日に丹波へと出発し、細工所《さいくしょ》城（兵庫県篠山市）の荒木氏綱《うじつな》を攻撃して降伏させる。光秀の丹波攻めは、他地域での活動と並行して進められたのである。

一方、西の美作《みまさか》や播磨《はりま》でも戦況は動いていた。毛利氏と敵対して、押され気味だった尼《あま》子《ご》勝久《かつひさ》・山中幸盛《やまなかゆきもり》（鹿助《しかのすけ》）は、しきりに信長とコンタクトをとっている。

尼子氏は、もとは出雲国の富田《とだ》城（島根県安来市）を中心に、山陰各地と周辺地域に勢

常楽寺◆秀吉の攻撃で神吉城主は敗死した。その亡き骸を城跡に埋め、そばに御堂を建てて供養したのが、現在の常楽寺のはじまりとされる　兵庫県加古川市　画像提供：加古川観光協会

力を拡大したが、次第に毛利氏の前に押され気味となり、永禄九年（一五六六）に降伏。当主の義久《よしひさ》は安芸国に移されたが、尼子の遺臣たちは尼子氏の復権を目指して各地を転々とし、尼子氏恩顧の勢力と糾合して毛利氏を苦しめていた。信長の後押しを得られれば、戦況が好転するというメリットがあったのである。

天正五年十月、信長は勝久・幸盛を支援すべく、美作の領主・江《え》見《み》為久《ためひさ》らに連絡し、「羽柴秀吉を派遣するから、秀吉の動きに従って忠節に励むように」と命じた。もともと尼子氏と関係の深かった江見氏は、幸盛を通じて信長方となり、ここに織田・毛利両氏は尼子氏勢力への対応をめぐって激突するようになったのである。十二月、秀吉勢は毛利方から播磨上月《こうづき》城（兵庫県佐用町）を奪い、勝久・幸盛らが同城を守ることになった。

しかし、毛利氏はこの状況を静観していたわけではなかった。毛利勢は、翌天正六年に入って勝久・幸盛らを攻め立てる。同時期には、織田方の播磨三木《みき》城（兵庫県三木市）の城主・別所長治《べっしょながはる》が毛利方に転じており、情勢は混乱していた。毛利勢は、四月には上月城を包囲し、勝久・幸盛を追い込む。

浮世絵に描かれた山中幸盛◆出雲尼子氏の再興を目指して毛利氏と戦った幸盛には、光秀の丹波攻めで奮闘したというエピソードが残る　個人蔵

観音寺◆天正十五年に建立。光秀が攻略戦に加わった志方城の跡地に立地する　兵庫県加古川市　画像提供：加古川観光協会

織田軍も動き、秀吉や摂津・播磨方面を担当する荒木村重が救援を試みた。しかし、城を囲む毛利勢は三万を数える大軍で、秀吉や村重は容易に攻撃できない。織田方は救援部隊の増員に迫られ、二十九日には丹波にいた光秀や、滝川一益らも播磨に出陣する。

播磨に赴いた光秀は、敵方の神吉《かんき》城（兵庫県加古川市）・志方《しかた》城（同）を攻めるなど、国内各地を転戦した。しかし、織田方から毛利方へ転向する領主もいて、播磨情勢は混沌をきわめる。結局、織田方は上月城の救援を断念した。七月、上月城は毛利軍の包囲に耐えきれずに陥落、勝久と幸盛は死亡してしまう。織田方も、秀吉が別所長治の三木城攻撃に乗り出すなど戦果を挙げていたが、光秀はここで引き上げ、毛利氏と連携をとっていた丹波の攻略に乗り出した。

こうして、光秀は毛利氏の動きにも向き合って畿内周辺を転戦するようになる。そして、光秀が播磨・丹波を転々とするなか、毛利氏は織田方の重鎮に調略の手を伸ばしていた。この結果、光秀は激化・複雑化する織田・毛利氏間の戦争の渦に飲み込まれていくことになる。

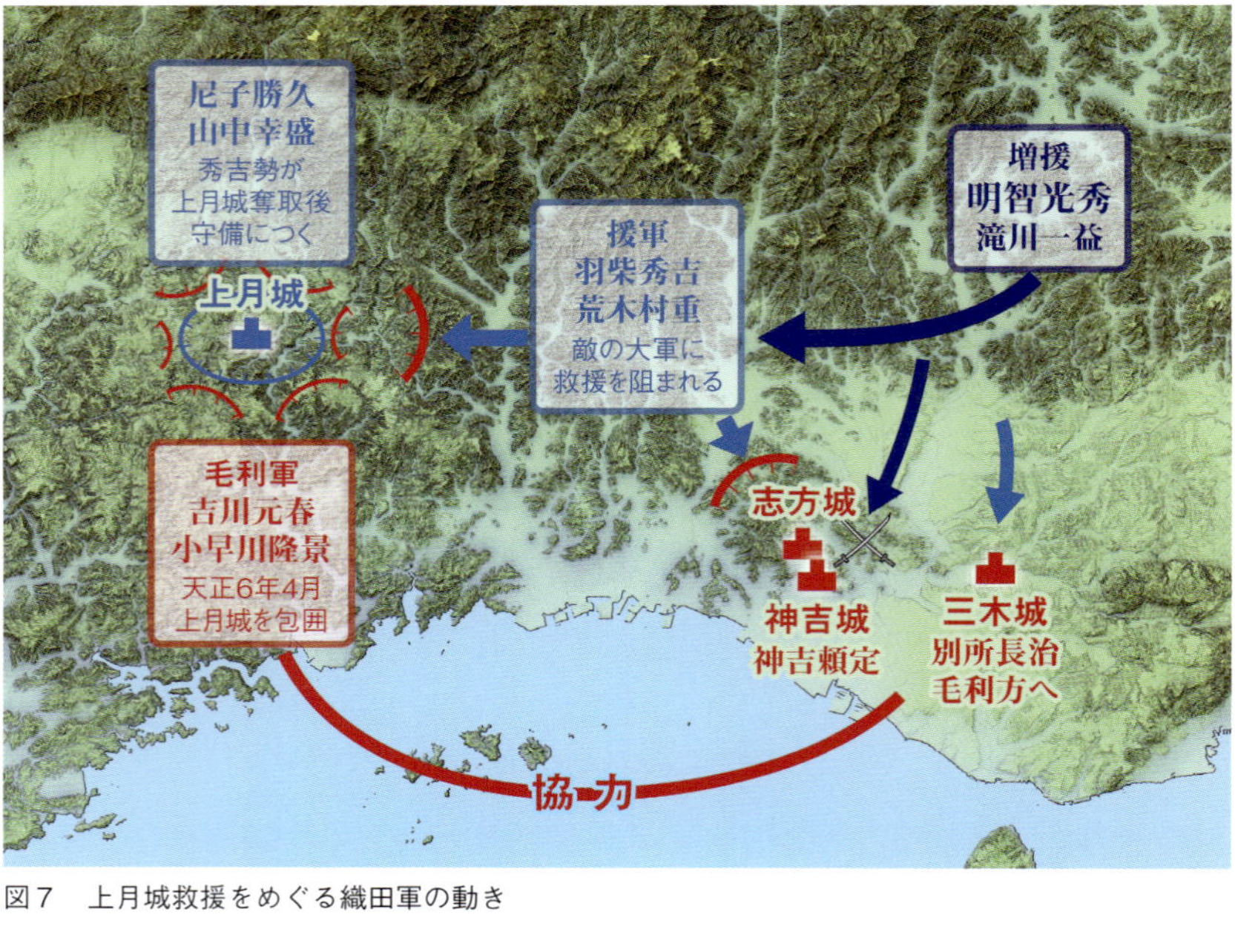

図７　上月城救援をめぐる織田軍の動き

上月城跡航空写真◆播磨・美作・備前三国の国境近くに位置する要塞。尼子勝久らが入る前から激戦の舞台となり、天正５年に上月城主・赤松政範が毛利方につき、毛利方の宇喜多直家が秀吉勢との間で激闘する。秀吉勢が上月城を奪い、勝久・山中幸盛を入れたのちも、毛利方・秀吉両勢のにらみ合いの場となった。16世紀中盤にも尼子氏と播磨の赤松氏との間で争奪戦が繰り広げられ、戦いのたびに防御性を高めるべく改修が進められてきた　兵庫県佐用町　画像提供：佐用町教育委員会

太閤岩◆秀吉が志方城攻めで指揮をとるために座った岩と伝えられ、城を北東に望む場所に位置している　兵庫県加古川市　画像提供：加古川観光協会

8 裏切った荒木村重を倒すため、出陣

摂津国内の不穏な噂について、逐一報告してくれてうれしい。その件について松井《まつい》友《ゆう》閑《かん》と万見重元《まんみしげもと》を遣わします。また、惟任日向守と相談して、外聞が悪くならないようお取りはからいください。

天正六年（一五七八）十月二十五日付けで、信長が細川藤孝に宛てた手紙は、新たな戦争の発生を予感させる。手紙のなかで、藤孝は光秀とよく話し合って摂津の情勢にあたるよう指示されている。光秀と藤孝が話し合うとは、一体どういう事態だったのだろうか。

手紙に登場する人物をみると、光秀と友閑・重元は、摂津の荒木村重のもとに赴いている。村重は信長方として、摂津支配や播磨の領主たちとの交渉にあたっていた。光秀や藤孝とともに、畿内における織田家内のキーパーソンである。この時期、信長のもとには村重が離反を企てている、との噂が方々から伝わってきていた。村重は秀吉とともに播磨での戦いに参加していたが、七月に摂津有岡城《ありおか》（兵庫県伊丹市）に籠もって反旗を翻したのだ。

摂津国内の不穏な噂とは、村重の動きに関することのようだ。信長は真相を確かめ、村重を説得すべく光秀らを派遣したのである。

信長からすれば、村重の裏切りは寝耳に水で、その心中をはかりかねていたようだ。それを物語るかのように、寝返りの原因は今なお、諸説あって定まらない。信長は、「どんな不満があるのか。思うところを言ってくれれば対処する」と、村重に問い合わせる。信

有岡城の土塁と堀跡◆有岡城は城域一帯に防御施設を備えた堅城で、村重は織田勢に対して善戦した　兵庫県伊丹市

長は懇々と村重を説いた。村重も「野心など一切ございません」と伝え、人質を遣わして自身も信長のもとに出仕する算段となった。

しかし、村重はやってこなかった。村重は毛利氏、そして毛利領内にいた足利義昭の調略を受け、本願寺・毛利方に内通していたのだ。十月十七日、本願寺の法主・顕如は村重との間で相互協力の手紙を交わしていた。十一月に入ると、村重は毛利輝元《てるもと》に対して人質を差し出すことを約束し、ここに本願寺・荒木・毛利三者間の反信長陣営ができあがった。

信長は持久戦に持ち込むべく、村重のいる有岡城に軍勢を派遣し、周辺に攻撃拠点を設置して包囲陣を敷いた。十月二十五日付けの手紙にみえる、光秀と藤孝の相談内容がどのようなものだったかはわからない。信長の命で摂津方面へ転戦した光秀は、城を囲んでいた滝川一益と合流し、十一月十日には一益・丹羽長秀らとともに、荒木方の茨《いばら》木《き》城（大阪府茨木市）の攻略などに乗り出した。織田軍の動きにより、高山重友《たかやましげとも》（右近《うこん》）・中川清秀《なかがわきよひで》といった荒木方の領主たちは信長方につき、村重は追い詰められていく。

そもそも、村重の離反は光秀に

荒木村重画像◆軍功を積み重ねて信長から信頼され、摂津国支配の重鎮となった。謀反を起こした理由は諸説あって定まらない　伊丹市立博物館蔵

『絵本豊臣勲功記』に描かれた村重謀反の図◆ここでは、裏切った村重（左）の翻意を翻すため、羽柴秀吉が伴天連（右）を使者に立てた場面が描かれている　当社蔵

とって予期せぬ出来事だったのかもしれない。九月十三日付けで、光秀は津田加賀守《つだかがのかみ》という人物に手紙を宛てて、十四日に丹波国亀山に着陣し、十八日には敵の波多野秀治が籠もる八上城方面に陣取る予定だ、と伝えている。同時期には、円通寺《えんつうじ》（兵庫県丹波市）に禁制《きんぜい》（自軍の乱妨狼藉《らんぼうろうぜき》の禁止などを公示した文書）を出して保護を約束するなど、着々と丹波進出の方策を練っていた。

この禁制は、円通寺側が光秀に保護を求めた証しと考えられる。事実、円通寺のあった氷上郡は、光秀の宿敵である荻野直正ら赤井一族の本拠地で、以後、光秀軍の戦いによって数多くの寺社が焼かれていく。さらに、前年の天正五年十月の籾井城攻めのように、光秀は波多野氏のいる多《た》紀《き》郡にまで軍を進めていた。

そんななかでの村重の離反は、丹波での戦いとあわせて、光秀にダブルワークをもたらしたのだ。摂津にあっても丹波情勢が気がかりだった光秀は、十一月一日付けで、丹波攻めを担当していた小畠永明に手紙を送っている。そのなかでは、村重との戦いの進捗を知らせつつ、荒木勢が丹波

図８　荒木村重討伐戦関係の城郭位置と光秀の動き

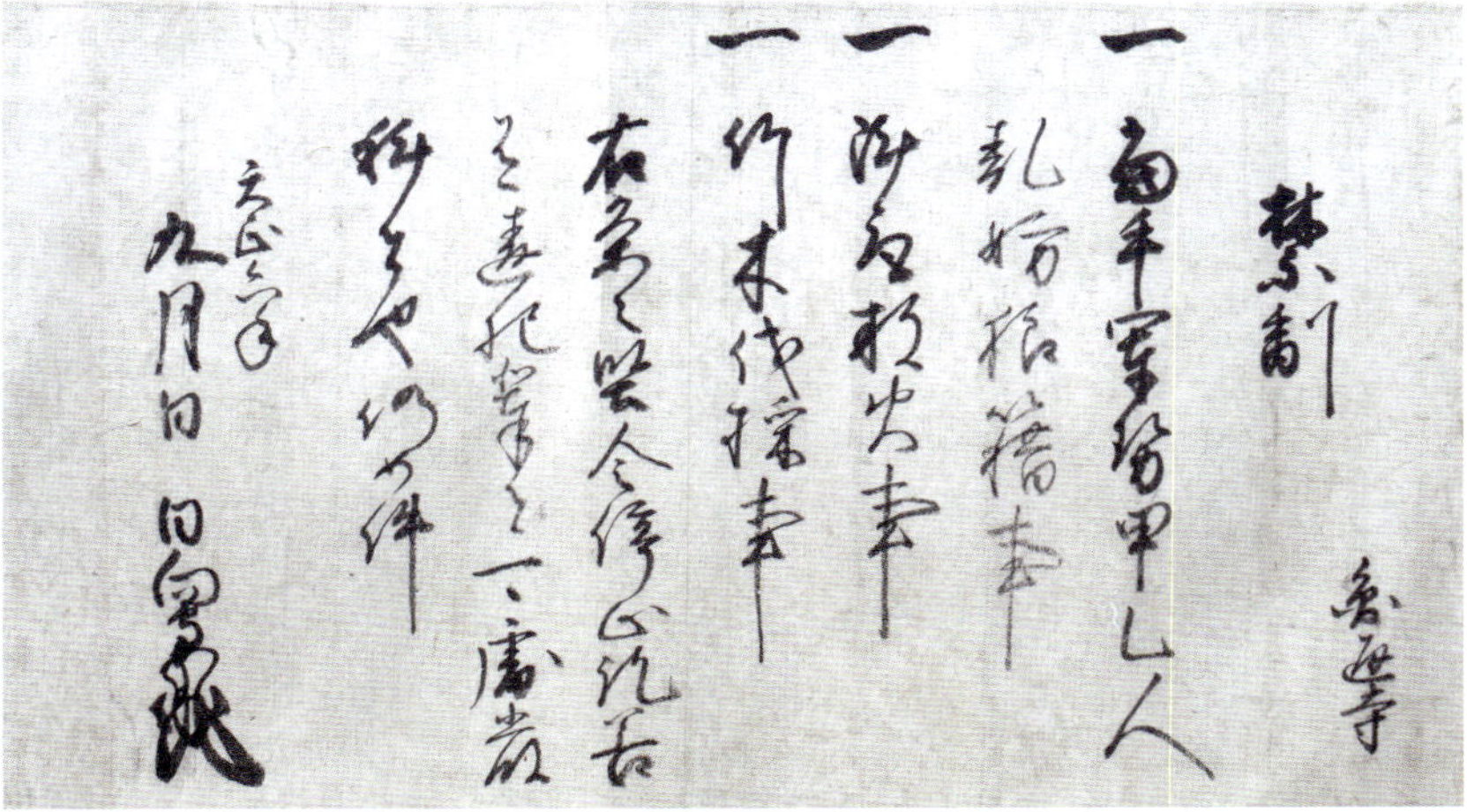

天正６年９月付け明智光秀禁制◆円通寺は、光秀から寺内の安全を守るという約束を取り付け、被災を免れた　兵庫県丹波市・円通寺蔵

の光秀勢を攻めてきたときの対応を示している。また、亀山に重臣・明智秀満《ひでみつ》を遣わし、光秀もすぐ合流する予定だとも明記する。

十一月中の丹波行きは叶わなかったようだが、十二月に入ると、織田軍による有岡城攻撃の目算が立った。ここで、羽柴秀吉への加勢として、光秀は佐久間信盛・筒井順慶とともに播磨に派遣される。光秀は、秀吉勢と敵方の三田《さんだ》城（兵庫県三田市）を攻めた後、進路を変えて丹波へと向かった。丹波の戦線を長期間離れることへの不安もあったのだろうか。十二月下旬から、光秀は丹波の強敵・波多野秀治と対峙し、丹波攻めは本格化していくのである。

下馬札◆光秀直筆といわれている。この札が掲げられた円通寺では、馬で乗り入れることが禁止された。禁制と同様、光秀による保護策のひとつである　兵庫県丹波市・円通寺蔵

9 波多野秀治と激戦を繰り広げる

光秀の丹波攻めで、長きに渡り立ちはだかったのが、丹波有数の勢力・波多野氏である。丹波波多野氏の出自は諸説あるが、応仁《おうにん》・文明《ぶんめい》の乱（一四六七〜一四七七）の際、細川勝元から丹波多紀郡を与えられ、丹波国内に根付いたという。当時の当主・元清《もときよ》が八上城を築いて丹波の支配を拡大する一方、細川氏の内紛でも首班的な立場で活躍する。元清は幕府評定衆《ひょうじょうしゅう》の地位も得て、丹波国外でも存在感を示した。波多野氏の動きは、畿内の政局にも影響を及ぼしていったのである。

元清以降、波多野氏は近隣の領主と連携しながら、畿内の戦乱を乗り切っていく。秀治の先代・元秀《もとひで》の代までには、のちに亀山城が構築される桑田郡、幕府直轄領・桐野河内のある船井郡といった、多紀郡より東方の地域も獲得し、丹波の隣国山城・摂津の一部にも領地をもつほどの、畿内有数の勢力にまで成長していた。

弘治三年（一五五七）以降、三好長慶に八上城を攻められ、城を奪われることもあったが、永禄九年（一五六六）に奪い返している。この間は、丹波内藤氏に入った松永長頼《ながより》（久秀の弟、内藤宗勝《そうしょう》）のもと、三好氏が丹波で攻勢を強めていた。長頼が黒井城の荻野直正に敗れて戦死したのは永禄八年のことなので、波多野氏の八上城奪還は、長頼の死の影響が大きかったのだろう。

永禄十一年、当主となっていた秀治は赤井・荻野氏とともに、京都に上ってきた足利義

八上城のはりつけ松跡◆城主の波多野秀治が処刑された報復として、城兵が人質だった光秀の母を殺害したという伝承が残る　兵庫県篠山市　画像提供：篠山市教育委員会

昭・織田信長への協力姿勢を示した。しかし、秀治は天正四年（一五七六）に離反し、反信長方の荻野直正らとともに、光秀率いる丹波攻略軍を敗走させた。

秀治の寝返り以前は、光秀側が荻野側を追いつめており、光秀と信長にとって、秀治は捨て置けない存在であった。しかし、光秀の周辺では、信長と大坂本願寺・毛利氏との関係悪化、松永久秀や荒木村重といった畿内の有力者の信長方からの離反など、問題が相次いで発生していた。とくに、丹波に近接する摂津に強い影響力を保持した村重の離反は、波多野氏との戦局を左右する可能性があった。光秀・信長とも、秀治対策だけに注力できる状況ではなかったのである。

波多野秀治画像◆丹波国のみならず、畿内の政局に関わるなど強大な勢力を誇った領主であった　東京大学史料編纂所蔵模写

戦況が動いたのは、天正六年十一月だ。村重方についた領主の寝返りが進み、織田軍が村重の拠点・有岡城を攻撃していた時期である。光秀は村重攻撃の戦線を離脱して丹波へ向かう。

二十二日付けで、織田方の拠点・天王寺砦を守る奥村源内《おくむらげんない》に宛てた手紙では、「有岡城の戦いではことごとく勝利をおさめました。（中略）我々は有馬《ありま》郡の三田に四ヶ所の攻撃拠点を設けたので、昨

『絵本豊臣勲功記』に描かれた波多野兄弟の生け捕り◆江戸時代の伝承では、光秀の謀略によって波多野秀治と弟の秀尚が捕らえられたとされる　当社蔵

日、丹波多紀郡へと移動しています。すぐに平定してみせましょう。ご心配には及びません」と、かなりの意気込みをみせる。

光秀勢は八上城を包囲し、年明けから秀治との戦闘を開始する。意気込む光秀だったが、秀治の軍勢は強かった。秀治

八上城の朝路池跡◆秀治の娘・朝路姫が、落城後に入水自殺したとされる池の跡。丹波攻めの凄惨さを刻む伝承地のひとつだ　兵庫県篠山市　画像提供：篠山市教育委員会

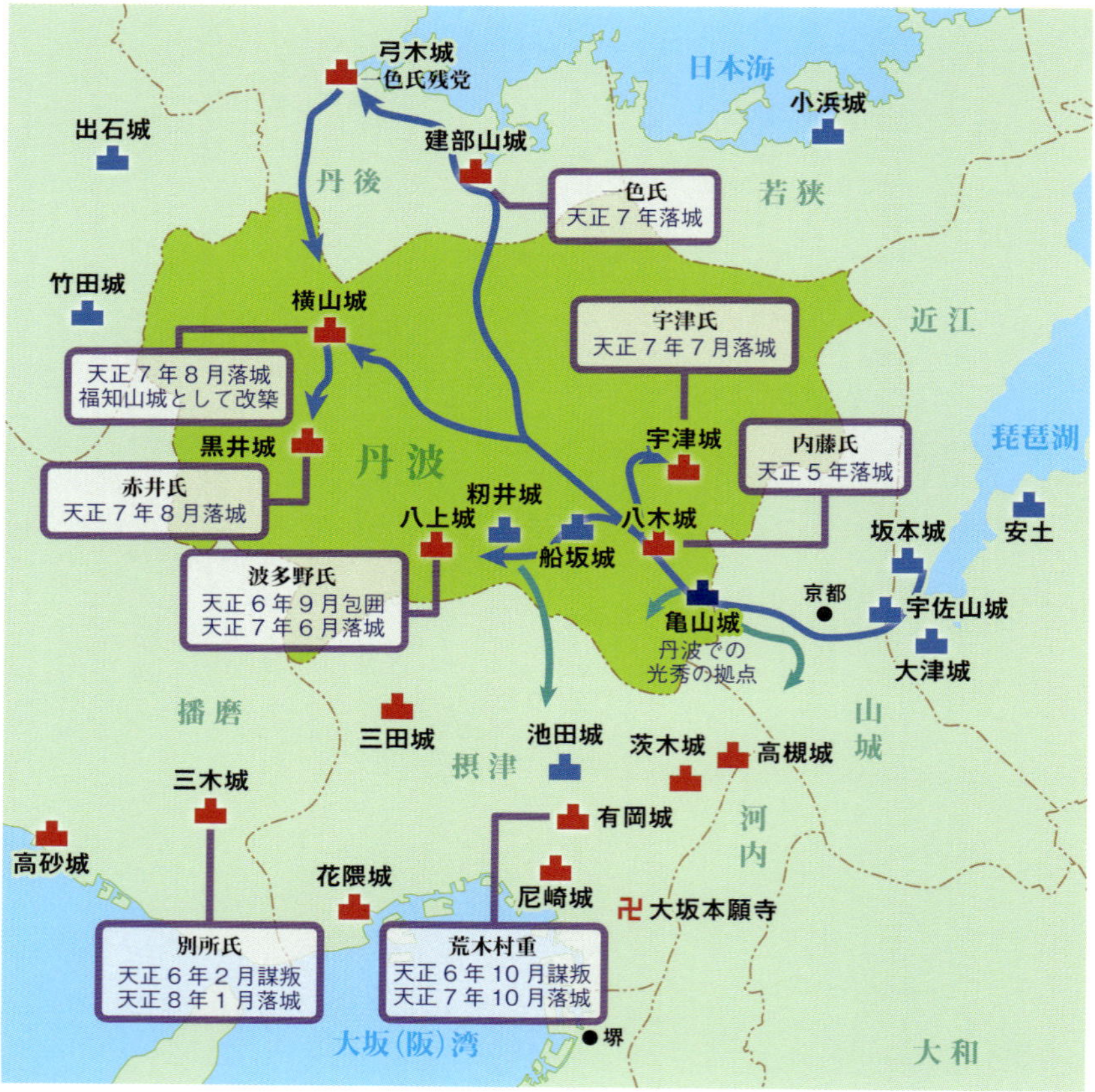

図９　光秀の丹波攻略の流れ

勢との戦いの最中、光秀方の小畠永明が討ち死にしてしまう。永明は光秀が丹波を不在にしていた時期に同国に残り、亀山築城にもかかわって丹波攻めに貢献した人物である。光秀はその死を大いに嘆き、小畠家の求めに応じて、幼少の息子・小畠伊《い》勢《せ》千代丸《ちよまる》の家督継承を認め、後見人をおくことを命じた。小畠家の今後を約束することで、永明の死に報いたのである。

光秀勢は、二月にも八上城の周囲に攻撃拠点を築き、通路を遮断するなど、城攻めを続行した。そんななか、光秀は自ら出馬することを決意する。二十八日には坂本から亀山へ出陣し、光秀は強力な秀治勢との正面衝突を避けたのか、八上城の包囲を続けて、長期戦の構えに出た。

『信長公記』によれば、八上城の包囲網は、三里四方に堀を構え、塀や柵を頑丈、かつ幾重にも巡らせた強力なものだったという。秀治勢は孤立し、八上城内で困窮していった。敵城包囲は、敵を弱らせつつ、味方の被害を減らす有効な手立てだった。攻撃施設を敵城の周囲に設け、敵を孤立させる手法は、同僚の秀吉も、別所氏攻めや鳥取《とっとり》城（鳥取市）攻めで用いている。

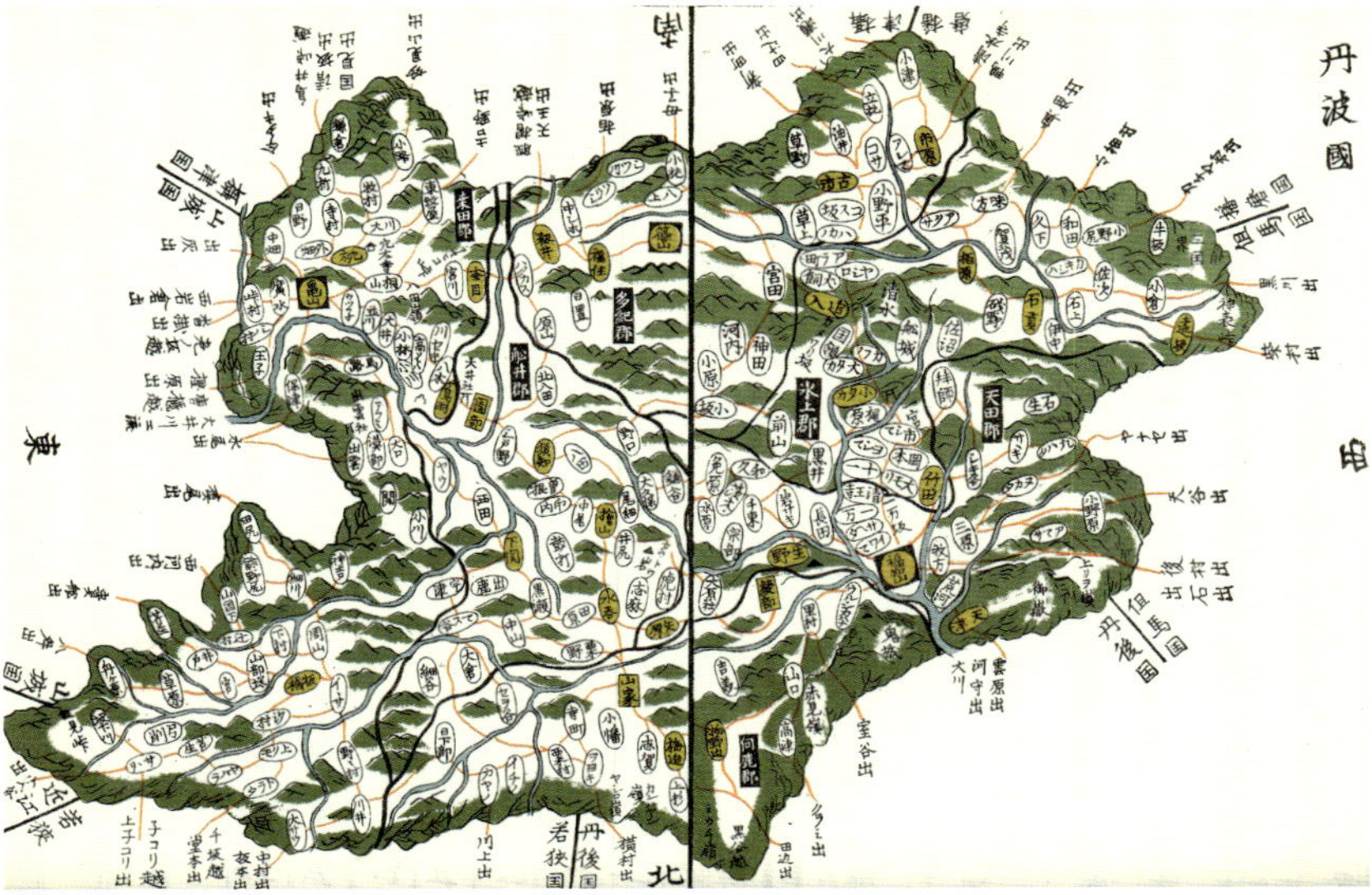

丹波国絵図（国郡全図並大名武鑑）◆19世紀前半に描かれた丹波の地図。八上の地名は多紀郡内にみえるが、同郡の中心部は篠山に設定されている　当社蔵

10 ついに波多野氏を打ち破る

天正七年（一五七九）四月四日、丹後の和田弥十郎《やじゅうろう》に宛てた手紙で、光秀は「八上城については、助命と退城の申し出がありました。籠城している者は四・五〇〇〇人が餓死していいます。城からの使者の顔は蒼く腫れ上がり、とても凄惨な出で立ち（「非人界之躰」）でした。五・六日で討ち果たせるのは確実でしょう」と伝えている。見るも語るも無残な、地獄絵図といってよい兵粮攻めの様子である。

八上城内の困窮ぶりを書き連ねると、光秀は「八上城が落城したら、丹後攻めに直行します。あなた（弥十郎）のことはいっさい粗略にはいたしません」と、弥十郎を安心させる。

当時、丹波の隣国・丹後では、同国守護の系統を継ぐ一色義道《いっしきよしみち》ら反信長派と、親信長派の対立が起きており、混乱の最中にあった。光秀は、信長派の弥十郎に丹波の戦況を知らせつつ、安全を保障することで、弥十郎を信長方につなぎ止めようとしたのだろう。

八上城包囲の長期化により、光秀の丹波攻めは大詰めを迎えた。大きな犠牲を払った波多野秀治との対決も、終結へと加速していったのである。

光秀が五月六日付けで、丹波攻めで当主を失った小畠家の面々に送った手紙の冒頭部分には、次のようにある。

八上城内の調略が進んでいるので、ほどなく本丸は焼け落ちることでしょう。だからといって、城を受け取る準備を投げ出して、城に攻めかかることは一切しないように。

八上城跡遠景◆光秀は八上城の様子をみつつ、一気に攻め入ることはせずに、慎重な攻撃をおこなった　兵庫県篠山市

四月初旬の時点で、八上城の敵勢はすぐ滅びると見込んでいた光秀は、五月に入っても城の包囲を続けていたようである。城攻めは長期化していたが、光秀は八上城包囲網を城の中核部まで狭めていたのだ。光秀は、手紙の後半部では次のように続ける。

城が落ちたからといって八上城のある山へ押しかけ、下々の者に略奪行為をしている

丹波八上高城山合戦図◆八上城包囲前を描いたと思われる図。画面上の八上城・波多野本陣と下の光秀本陣を挟んで、両軍が入り乱れる　兵庫県篠山市・誓願寺蔵　画像提供：亀山市文化資料館

図10　丹波攻めでの被災地図　数字は被災した主な寺社や城郭の数で、桑田郡と氷上郡の被害が大きい

と、敵を討ち洩らしてしまうから、くれぐれも略奪などしないよう、周知徹底させるように。万一命令に背く者がいたら、容赦なく切り捨てよ。生き残った敵については、ことごとく首を刎ねよ。

光秀は八上城が落ちた後、敵とそうでない者の区別を徹底し、味方が敵の残党の掃討のみに集中して、地域住民に被害をもたらさないよう厳命したのだ。光秀は、八上城の攻略後の地域内の反発防止にも気を配っていたのである。光秀の厳格さと、慎重さがうかがえる記述といえるだろう。

光秀は、困窮して城外から逃げた敵を討ち取っていった。徹底し

浄厳院本堂◆安土に連行された波多野秀治は、この浄厳院で磔にされたという　滋賀県近江八幡市

た包囲・掃討作戦の前に六月、城主の波多野秀治は、弟たちとともについに身柄を拘束される。秀治らは丹波から近江国安土《あづち》（滋賀県近江八幡市）へと移され、即刻、磔刑《たっけい》に処された。光秀と同様、信長も秀治に容赦はしなかったのである。

光秀軍の攻勢は、各所に大きな被害をもたらすことになった。光秀方の小畠氏がいた船井郡に比べ、赤井・荻野氏の拠点・氷上郡や、波多野氏のいた多紀郡は、郡内全域で戦災を被った。光秀軍による戦火は、敵方の城のみならず、寺社にもおよんでいた。

亀山城のある桑田郡も例外ではない。桑田郡内には、早い段階で織田氏に敵対した宇津氏・内藤氏がおり、宇津氏拠点の宇津城、内藤氏拠点の八木城の近隣は光秀軍の猛攻に遭っている。

なかには、光秀と連絡をとって被災を免れた地域もあったが、光秀に頼らずに存続を試みた者も多かった。丹波国内では、生き残りをかけた壮絶な攻防劇が繰り広げられたのである。

波多野秀治の墓◆御霊神社からさらに進んだ所にある。左端には、秀治の辞世の句を刻んだとされる碑文が配される　兵庫県篠山市

御霊神社◆「ごりょうさん」の呼び名をもつ、波多野秀治を祀る祠。十二月には秀治の霊を慰める祭りが開催されている　兵庫県篠山市

11 丹波攻めの終焉、織田家の重鎮へ

八上城を落とした後も、信長は光秀に丹波攻めを継続させた。光秀は、天正七年（一五七九）七月には宇津城の宇津頼重、八月には黒井城の赤井忠家と横山《よこやま》城（京都府福知山市、のちに光秀が福知山《ふくちやま》城として整備）の塩見《しおみ》氏、九月には国領《こくりょう》城（兵庫県丹波市）の赤井幸家《ゆきいえ》といった敵方を屈服させている。とくに、光秀は国領城を落とした際、「三年来の鬱憤を晴らした」と手紙に書き残している。丹波攻めは光秀にとって、心身ともに大きな負担になった出来事だったのだろう。

八上城を落とした後の光秀勢の矛先は、赤井氏が根を張る氷上郡だった。赤井氏は、天正六年八月に主力の荻野直正が死去し、翌年からは光秀勢による猛攻を受けていた。黒井城をはじめとする赤井氏の諸城は、光秀勢の猛攻に耐えきれず陥落していく。

また、光秀と赤井勢の戦いにより、氷上郡内では亡命する住人も多かった。光秀は、氷上郡内での戦いにめどが立った八月二十四日、居所を離れた住民に対して、もといた場所に戻るよう指示した。このとき光秀は、黒井城を攻略して郡内の赤井氏の残党を攻撃するという、次なるステップを踏み出していたのである。

光秀は丹波での戦いに対応しつつ、地域の治安維持に奔走した。十月中旬、吉田兼見が光秀を訪問した際には、氷上郡加伊原《かいはら》（兵庫県丹波市）で新たな城の建設工事が進んでいたようだ。光秀は丹波支配の足がかりを築き始めたのである。

鬼ヶ城跡遠景◆丹波国と丹後国の国境に位置する。荻野直正の影響下にあったこの城も、光秀勢によって落とされた　京都府福知山市

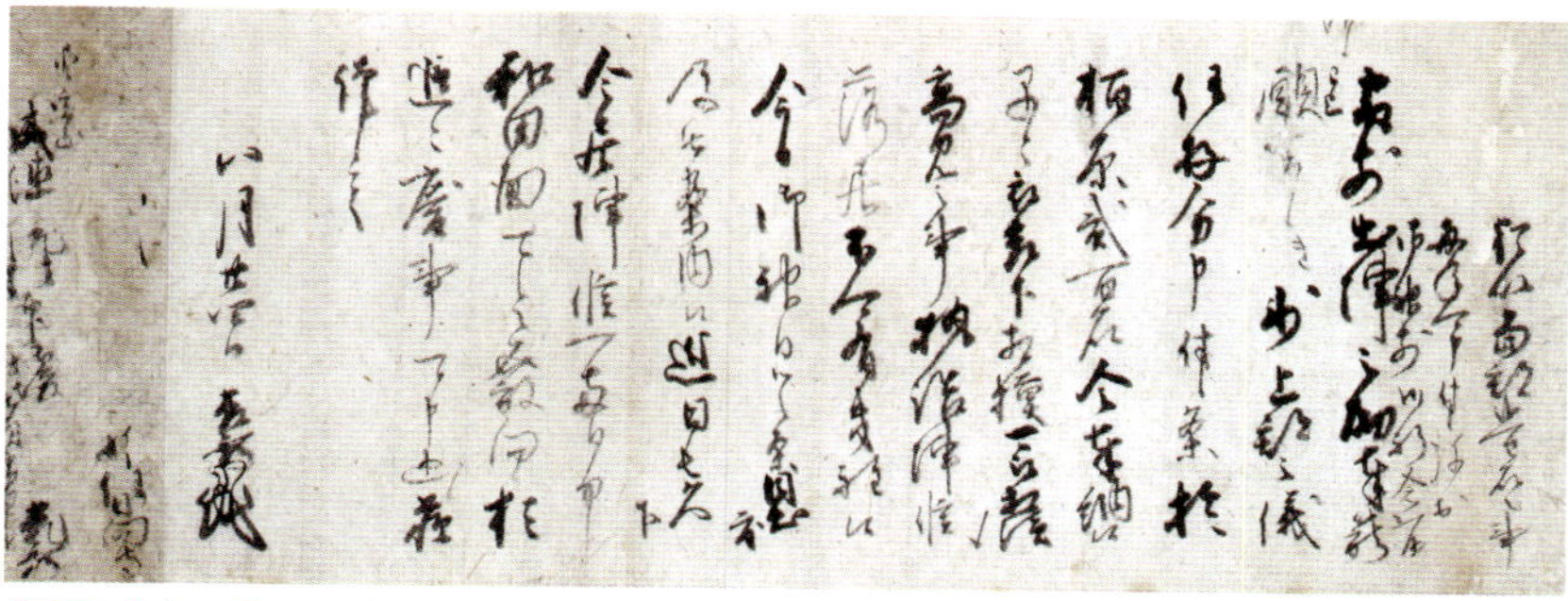

（天正７年）８月24日付け明智光秀書状◆愛宕神社の威徳院法印に、氷上郡での大勢が決したこと、引き続き丹波攻略を進めることを伝えている　滋賀県立安土城考古博物館蔵

この頃、丹波の北方・丹後でも細川藤孝・忠興父子によって敵方（一色義道など）の討伐が進んでいた。光秀は藤孝・忠興の援護にもまわり、翌年八月には、藤孝・忠興と連名で丹後国江尻《えじり》村（京都府宮津市）に禁制を発し、治安維持にあたっている。光秀は、かつて丹後の和田弥十郎に、八上城攻めが終わったら丹後に直行すると伝えていた。光秀は弥十郎に伝えた通り、丹後平定にも関与したのである。

天正七年十月二十四日、光秀は安土に赴いている。信長から丹波・丹後両国を任せられ、そのお礼を述べに行ったのである。約四年に渡って光秀を悩ませた丹波攻めは、ついに終焉を迎えたのである。光秀は、丹波・山城・近江といった京都に近接する地域支配を担う、織田氏の重鎮に成長したのだ。

とはいえ、光秀による丹波支配は、敵対勢力の駆逐だけでは完了しなかった。光秀は、みずからの立場を一層強化すべく、戦火にまみれた丹波国内の復興に邁進していくのである。

猪崎城の土塁跡◆塩見氏がおさえていた城。本拠の横山城と同様、光秀勢により落城の憂き目に遭った　京都府福知山市

コラム

丹波国衆からみた光秀──『籾井家日記』の世界

光秀の丹波攻めについては、江戸時代以降に語り継がれてきたさまざまなエピソードが残っている。それらは、ときに同時代の手紙以上に、戦争の凄惨さを雄弁に物語る。光秀が波多野秀治に母を人質に出し、ようやく八上城を明け渡させたが、信長が秀治を処刑したため、八上城内に残った者が光秀の母を殺害したという。これは、江戸時代に編まれた『明智軍記』に記される、秀治の最期の模様だ。

光秀の人質提出については、同時代の史料からは確認できない。とはいえ、このエピソードは、光秀に滅ぼされた丹波の領主・籾井《もみい》氏の旧臣が記したとされる『籾井家日記』などにも引かれている。

『籾井家日記』は、実証性や成立過程に難がある史料とされるが、江戸時代を通じて、秀治が光秀・信長の因縁の相手として位置づけられていたことは確かなようだ。光秀の母の最期の地や、波多野一族の滅亡に関連する史跡・伝承は、八上城周辺、そして秀治が処刑された安土に残る。

また、『籾井家日記』では、丹波で光秀を苦しめた、「赤鬼」の異名を持つ荻野直正と双肩をなす人物として、「青鬼」籾井教業《のりなり》が登場する。だが、秀治が当主の頃、籾井氏は波多野氏に仕えており、波多野氏と対等な立場にあった赤井・荻野氏とは立場が異なる。しかも、教業という人物の名や事跡も、同時代の史料からは確認できない。「赤鬼」・「青鬼」の逸話は、丹波攻めの過酷さをドラスティックに伝える挿話だったのだろう。

江戸時代を通じて、光秀の丹波攻めは、現地の地誌類のなかで凄惨な激戦として描かれていく。紡がれた戦争の記憶は、時代を経て、現代でもいくつかの史跡とともに伝わっている。秀治らの勇戦ぶりと八上城包囲の悲劇は、語り継がれた地域伝承とともに、丹波地方に息づいたのである。

『絵本豊臣勲功記』に描かれた光秀の母の処刑◆はりつけ松とおぼしき樹木に吊るされた光秀の母と、その光景を見て悲しむ光秀の姿を描く　当社蔵

第三章　燃えゆく本能寺、逆臣へのみち

『山崎合戦図屏風』に描かれた光秀本陣◆山城国・摂津国の境に位置する天王山を背に、白馬に乗る光秀を描く　大阪城天守閣蔵

1 信長に謀反した荒木村重を討伐

天正七年（一五七九）、波多野秀治や赤井忠家といった強敵を討ち、丹波での戦いを優位に進めていた光秀は、同国の支配者としての活動機会を増やしていた。

赤井忠家を滅ぼして間もない八月二十四日、光秀は氷上郡内の人々に、信長の命で忠家を討伐したから、現地に帰還するよう指示を出している。光秀は戦災を蒙った氷上郡の人々の生活復興にあたったのだ。

光秀は十月二十四日、安土に赴いて丹波・丹後の平定を信長に報告する。光秀は丹波と丹後のほか、山城・近江の経営も継続し、管轄範囲は急速に広がったのである。

さて、順調に見えた光秀の丹波支配だったが、光秀は丹波に入ってからも、やはり各方面で仕事を抱えていた。光秀は丹波平定を成し遂げると、信長の命で、十一月に滝川一益のもとへ赴いた。当時、一益は反信長派として活動する荒木村重方の有岡城の包囲にあたっていた。一方の村重は、妻子を残して有岡城から尼崎《あまがさき》城（兵庫県尼崎市）へ移動、城には一族・重臣が取り残されてしまっていた。

天正七年の摂津での光秀の足取りは、畿内で朝廷の金銭・物資管理にあたった立入宗継《たてりむねつぐ》（隆佐《りゅうさ》）の記録に詳しい。それによると、摂津にかけつけた光秀は、丹波攻めと同様の猛攻で荒木勢を追い詰めたらしい。光秀は、有岡城に残った村重の重臣との間で交渉を行い、村重のいる尼崎城や、花隈《はなくま》城（神戸市中央区）を織田方に明け渡せば、有岡城にいる妻子

有岡城本丸跡の歌碑◆村重と、妻だしが詠みかわしたとされる歌。出典は『信長公記』で、落城間際の覚悟が示されている　兵庫県伊丹市

を赦免すると約束した。村重の重臣たちは交渉を成立させるべく村重を説得、十一月十九日、有岡城は織田方の手に渡る。しかし、村重はそれでも尼崎城から動こうとしなかった。盟約を反故《ほご》にされた信長は激怒し、有岡城内の村重の妻子らを惨殺した。

荒木一族のなかには、光秀の娘婿にあたる者もいた。村重の子・村次《むらつぐ》である。織田氏の畿内支配の要にあった光秀と村重は、姻戚関係にあったのだ。両者は皮肉にも、信長方の交渉人、信長への反逆者という形で相対して、互いに干戈《かんか》を交え、村重は悲惨な運命をたどったのである。

光秀は、どのような心情だっただろうか。残念ながら、光秀の心情が記された史料は、いまだ見つかっていない。翌天正八年閏三月、圧迫された村重と村次は尼崎城を脱出し、毛利輝元を頼って西国に落ちのびていった。光秀の村重への対応も、これで完全に終わりを迎えた。

図 11　丹波平定後の光秀の管轄範囲

2 丹波経営の拠点として福知山城を取り立てる

荒木村重の討伐が完了した後も、光秀の活躍は続く。光秀は丹波経営に力を注ぎ、天正八年（一五八〇）七月、光秀は多紀郡の宮田《みやた》市場の市日《いちび》（開催日）を定め、市場内での喧嘩や差し押さえ行為を禁止した。九月には、船井郡の有力者・井尻助大夫《いじりすけだゆう》に新恩給与《しんおんきゅうよ》（功績を賞して新たな土地を与えること）を行っている。

亀山城の構築・整備工事（天正四年～）も続いていた。長期的な工事であり、五年目にあたる天正九年四月、光秀は亀山城の工事に参加した百姓に飯米を支給するように指示している。飯米支給には、船井郡和知谷《わちだに》（京都府京丹波町）の有力者・片山兵内《かたやまひょうない》が関わっている。光秀は地域の有力者を取り込んで、丹波の経営に乗り出していたのだ。

光秀は丹波経営にあたって、亀山城以外にも城の新造・改築を行っている。代表的なものは、北西部の天田郡の福知山城である。この城は、丹波攻めの際に敵方の城だった横山城を改築したもので、福知山の名付け親は光秀である。

福知山城は、由良《ゆら》川と土師《はぜ》川が合流する水上交通の要所に位置する。そのため、光秀は築城に並行して治水工事も進めた。一方、光秀は天田郡の有力寺社への対応も怠らない。二月、光秀は天寧寺に対し、同寺がもつ昔からの権利を保障し、陣取りや竹木の伐採をしないことを約束している。福知山の整備は、丹波国内の元締めとしての光秀の立場をアピールすることにつながったのである。

福知山城の転用石◆石垣の石材には、本来寺院にある石仏なども多数使用された。光秀が反光秀派の寺院を取り壊し、転用したものともいわれている　京都府福知山市

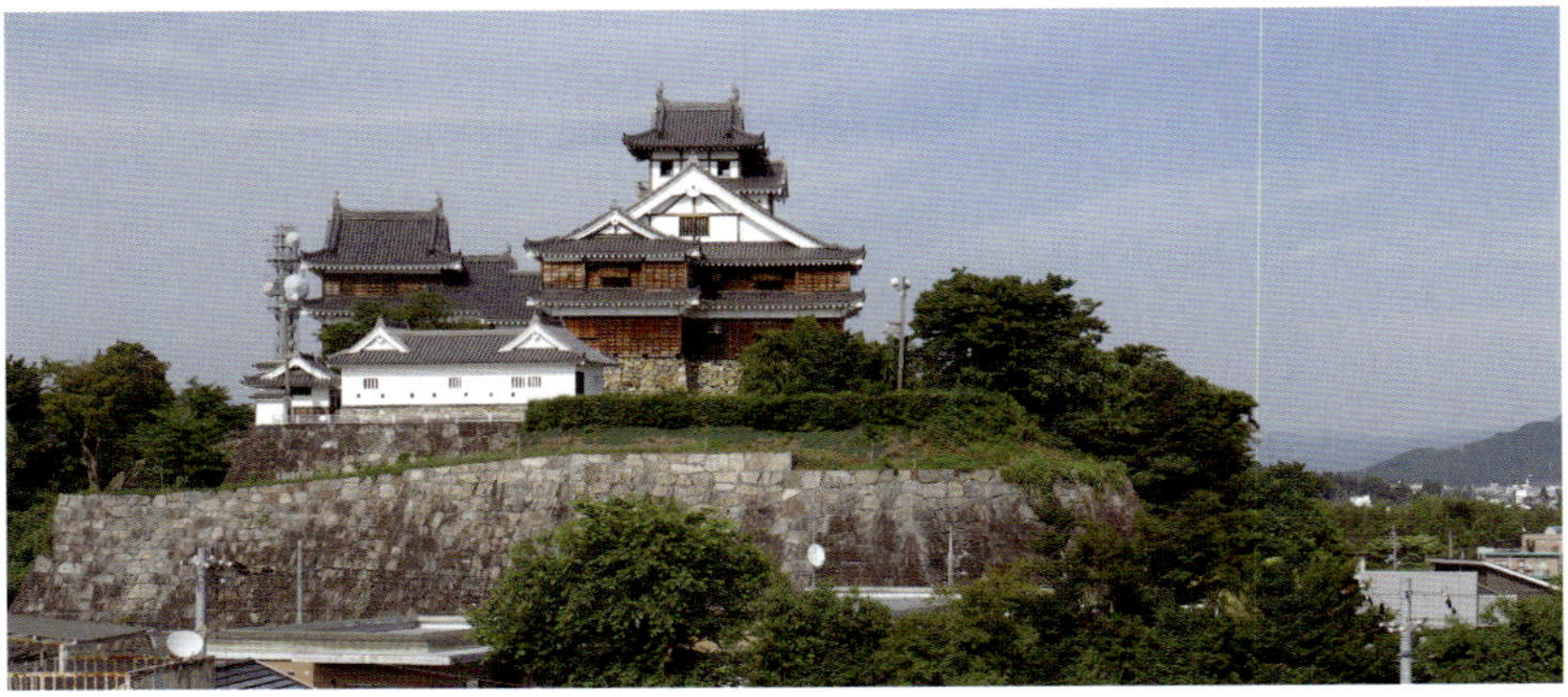

福知山城の復興天守◆光秀は福知山築城を軸に、付近を流れる由良川沿いの開発・整備を進めていった。現存天守は、募金活動によって昭和61年（1986）に復興されたもの　京都府福知山市

また、光秀は丹波・山城の境目にあたる桑田郡中部に周山城《しゅうざん》（京都市右京区）を新造する。山城・丹波・若狭を結ぶルート上に位置する要地に置かれた城だ。光秀は福知山・周山両城を築く際に、近隣の城・寺社に石垣などの資材を調達するよう指示している。光秀の城郭構築工事は、国内広域を巻き込む大がかりなものであった。

光秀は丹波経営にあたり、地元の領主たちを残しつつ福知山城を明智秀満《ひでみつ》、黒井城を斎藤利《とし》三《みつ》に預けるなど、自らの重臣に新旧の拠点管理を任せていく。天正八・九年と、光秀の丹波での地盤固めは着実に進行していた。

ちなみに、光秀は天正八年、滝川一益とともに、織田氏の支配するところとなった大和の検地《けんち》（田畠の調査）を行っている。たび重なる戦乱で疲弊した大和で、秩序回復の中核を担ったのだ。天正七～九年、光秀は丹波の支配者としての歩みを進めてもなお、各地を飛び回っていたのである。

周山城の石垣跡◆坂本・亀山・福知山につぐ光秀の城郭で、石垣を多用していることが特徴。防御に優れた実践向きの城郭である　京都市右京区　画像提供：京都市文化市民局文化芸術都市推進室文化財保護課

3 家中軍法を定め、信長に活躍を誓う

天正九年（一五八一）、光秀は前年に引き続き、丹波の経営に取り組んでいた。丹波国内の領主を通じて、四月には亀山城の整備と参加者への支給米について指示を出したり、五月から六月にかけて知行高《ちぎょうだか》（戦時に用意できる兵力・物資の規模）を確認したりと忙しい。とくに後者は、東奔西走する光秀が、戦時の軍事力を確保するために重要であった。

丹波国内で、とりわけ光秀が注力したのが、福知山城周辺の開発である。光秀は、福知山城主の明智秀満とともに、城の整備に並行して、東を流れる由良川の治水工事を進めた。福知山城は、由良川・土師川の合流点に位置し、水運の要衝であると同時に、水害の多発地帯でもあった。工事は、福知山城のある天田郡のみならず、由良川を流れる何鹿郡にもおよぶ広域的なものだ。この工事によって由良川流域を整備した光秀は、福知山城を丹波北部の拠点として明確に位置づけようとしたのだろう。こうした事業は、現地の人々の負担をともなうものだったが、光秀の為政者としての評価を高める素地にもなった。

丹波国内の状況把握に努める光秀は、六月二日、十八条に及ぶ箇条書きの文書を作成した。これは「明智光秀家中軍法《ぐんぽう》」と呼ばれる、戦争に関する規定書だ。一〜六条目までは、戦時の規律を明記する。陣地での静粛・守秘を徹底させる第一条をはじめ、足並みの乱れを防ぎ、部隊および従軍者間の報告・連絡・相談の必要性を説くものが目立つ。

光秀がとくに強調したのが、「下知《げち》」の遵守だった。それが際立つのが五条目だ。そこには、

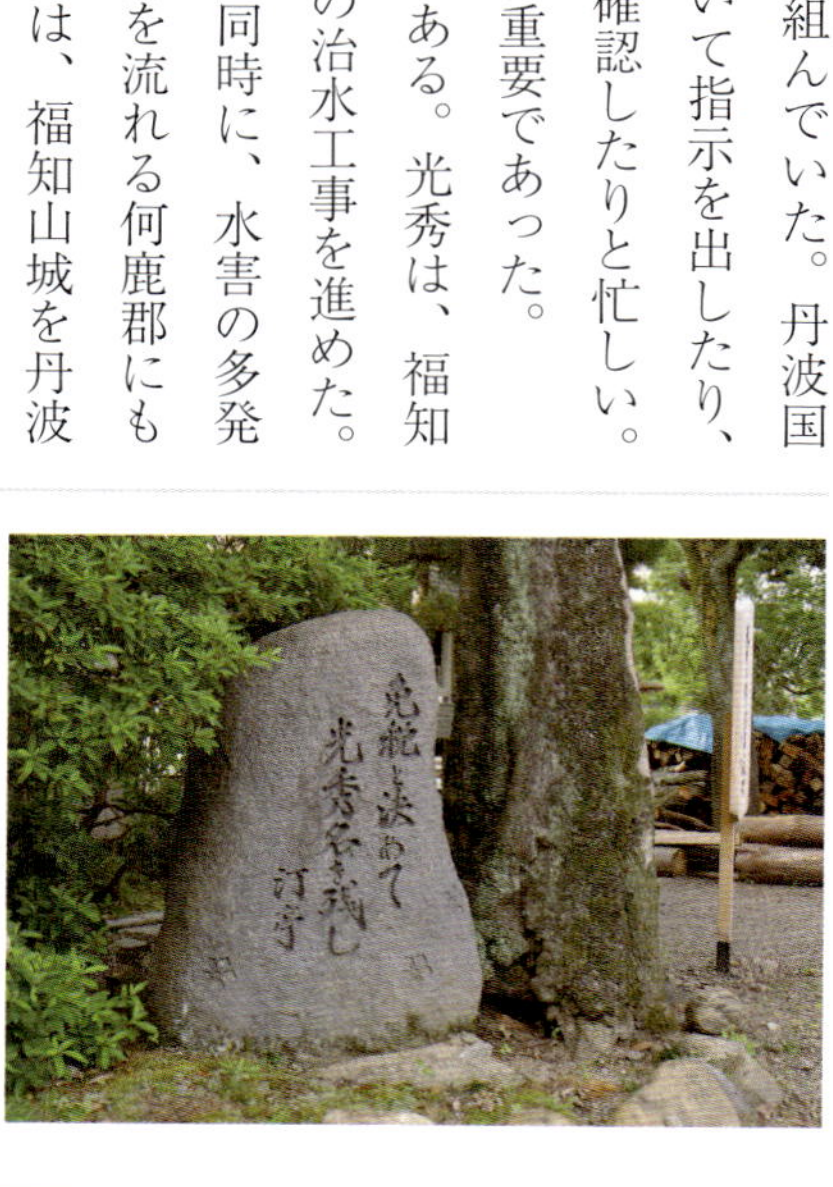

「免税と決めて光秀名を残し」の碑

◆善政を敷いた名君として評価する碑文は、〝逆臣〟光秀像とは趣を異にする　京都府福知山市・御霊神社境内

明智薮◆光秀が、由良川がもたらす水害に対応すべく築いたという。江戸時代に入っても利用・拡張されたが、今は北端部のみが残る　京都府福知山市

「旗本の先手《さきて》は、足軽同士の戦闘が始まったとしても、下知通りに動くこと。もし規律を乱す者がいたら、誰であってもすぐに処分する。最前線に行く使者は目の前で敵に遭遇しても、伝言を伝えて報告しに戻るように」、と記され、戦場での勝手な判断を慎み、命令遵守・連絡を最優先とするよう記されている。続く六条目でも、戦時における抜け駆け行為を禁じている。

一～六条目からイメージされるのは、整然とした光秀勢の陣容である。そこから浮かび上がるのは、物事にたいへん慎重な光秀のイメージだ。

光秀は、かつて信長が大坂本願寺など各方面で敵と対峙していたころ、報告書の出来栄えを絶賛されたことがあった。一条目から六条目は、光秀の

現在の綾部市の眺望◆光秀に敵対した、赤井一族が勢力を広げた何鹿郡域にあたる。赤井一族を攻略後、光秀は綾部井堰などを築き、由良川の水利を整備した　京都府綾部市　画像提供：綾部市観光協会

任務への姿勢が、そのまま反映されたものといえるかもしれない。

七条目では、戦時における物資の重量規定がなされた。計量時には、決められた京都の器物を使うこと（遠方の場合は例外）などが明記されている。九条目から十八条目では、知行高に応じた兵力や用品の準備について、具体的な数字とともに定められた。軍法が作成される前後をみると、光秀は領主から知行高の報告を受けている。光秀は、突発的に条文を並べたのではなく、丹波支配の一環として軍法を編んだのだろう。

結びの文では、光秀自身の考えが書き連ねられている。

> （信長様に）落ちぶれた身から拾ってもらった者（光秀自身）が、莫大な軍勢を任されたからには、乱れた法度《はっと》だと、武功がない人間だとか、国家の穀潰しで公務を怠っている、と嘲笑されて方々に苦労をかけてしまう。抜群の活躍をみせれば、速やかに信長様のお耳に入ることだろう。

光秀が軍法を作成した背景には、畿内周辺の支配や軍事を任された司令官としての責任感があったようだ。また、そうした責任ある立場にありながら、職務を怠っているとみなされるのは心苦しいと考えたのだろうか。結びの文からは、信長の重臣、さらには支配者としての

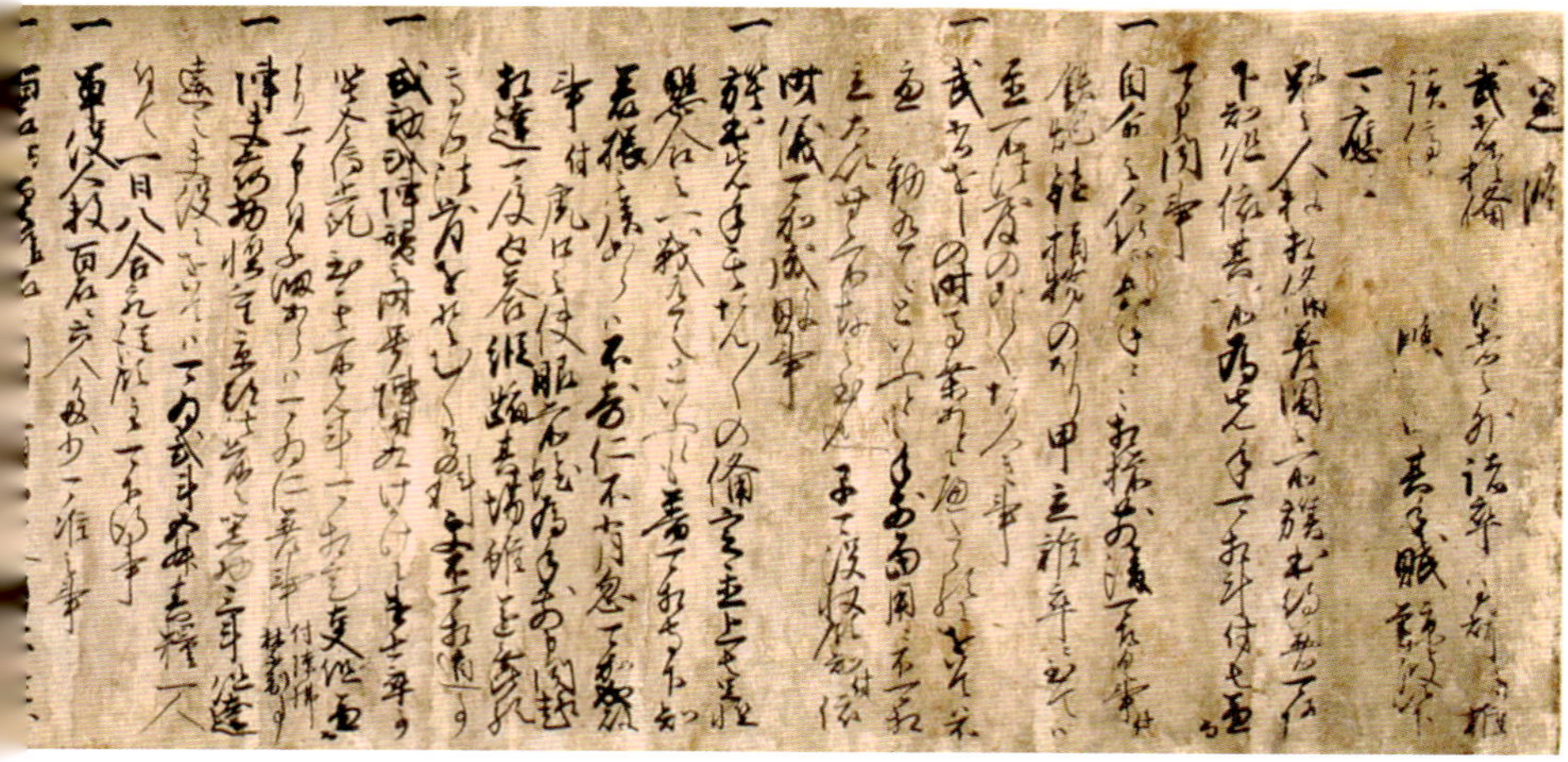

光秀の自負心が読みとれる。

光秀が仕えてきた室町将軍足利氏や、信長をはじめ、戦国時代には外聞《がいぶん》（世間での評判、面目）を重視する傾向が多く見受けられる。光秀もまた、そうした人物のひとりだったのだろう。

光秀の強い責任感は、丹波国内で発生する問題の解決時にも垣間見られる。戦乱で荒廃した丹波の秩序を回復すべく、光秀は戦争の火種となった城郭の取り壊しに勤しんだようだ。

六月二十日、和久左衛門大夫《わくさえもんだゆう》が、居城の取り壊しに従わなかったため、光秀はこれを処分した。光秀は和久側の態度を叛意（謀反の意志）とみなし、追討命令を発したのである。その後、和久一派は逃げ出したため、光秀は丹波の領主に、左衛門大夫らを探し出して成敗するよう伝えている。

このように、光秀は厳格さと強い責任感をもって、丹波など管轄地域の経営にあたっていた。「明智光秀家中軍法」の最後で、自身の立場を分析した光秀は、このとき、齢五十を超えたベテランの域に達していた。

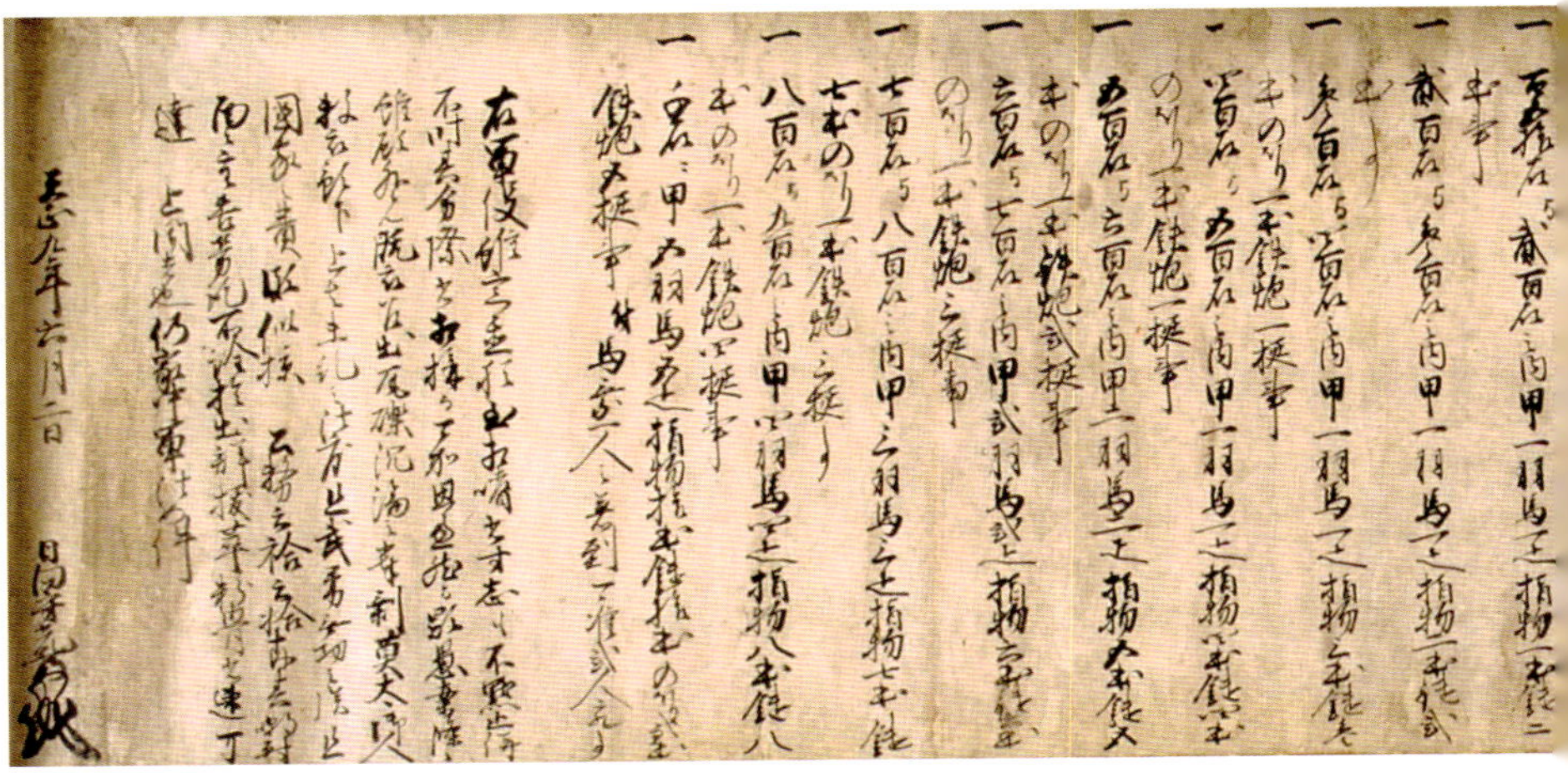

明智光秀家中軍法◆戦時の持ち物や、心構えなどが事細かに記される。結びの文は、光秀の自他を問わない責任感の強さの表れだろうか。文中には装飾的な表現も多く、条文の解釈や史料的な位置づけは意見が分かれるところだ　京都府福知山市・御霊神社蔵　画像提供：福知山市教育委員会

4 〝天下〟の周縁を守る光秀

ここで、光秀が管轄する地域と「天下《てんか》」との関係に触れておく。「天下」と聞くと、日本全国だとイメージされやすい。ところが、光秀が活躍した時代の「天下」とは、当時、来日していたイエズス会宣教師たちの記した報告書によれば、「都の周辺に位置する五畿内なる五つの領国」とされる。つまり、首都・京都を中核とした山城・摂津・和泉・河内・大和の周辺各国からなる畿内地域と、それにともなう秩序のことを意味したようだ。そして、首都・京都を中核とした畿内地域を治めた政治権力者こそが、「天下人《てんかびと》」だったのである。

天正元年（一五七三）七月、織田信長は足利義昭を京都から追い、天正三年までには「天下」の情勢を鎮め、天下人として歩みだす。そして、信長の立場上昇にあわせ、家臣の光秀たちもそれぞれ重要な役割を担う。

光秀は、元亀二年（一五七一）九月、比叡山焼き討ち後に、信長から近江国志賀郡を与えられ、坂本城（大津市）を拠点にした。光秀の支配領域（近江坂本領）は、羽柴秀吉が坂本領を手にすることは、「天下」を押さえることになってしまうと述べているように、「天下」の東端に位置した要地であった。

なお、坂本領の配置は、義昭と信長・光秀の関係を考えると、義昭が信長の政治的・軍事的補佐のもとで管轄していた「天下」の守衛という役割もあったのかもしれない。その役割は、信長が「天下」を管轄するようになった後も続いた。

「天下布武」朱印◆織田信長が使用した印。一般的には、「天下布武」のもとに各地の大名・有力領主（国衆）を討滅していく「天下統一」の印象がある。しかし、実際は織田権力が管轄する天下＝「日本国」の中央のもとに、大名や有力領主を軍事的・政治的に統制し、従えていく「天下一統」であった

また、光秀は天正七年十月に丹波・丹後両国を平定し、信長から丹波亀山城を居城として丹波国の統治を委ねられる。亀山城を拠点とした光秀領国としての丹波国（丹波亀山領）は、「天下」の北西に位置する。ここに、光秀は「天下」の東と北西端を押さえることになったのだ。

さらに、光秀との縁戚関係や政治・軍事指揮下にあった与力《よりき》部将には、山城国北部の諸将（京都奉行・村井貞勝との共同統率）、丹後国の細川（長岡）藤孝（嫡男・忠興は光秀の娘婿）と一色氏、摂津有岡城の城主で播磨国衆とも関係の深い荒木氏（当主村重の嫡男・村次の妻は光秀の娘）、近江国高島郡の統治を任された大溝《おおみぞ》城（滋賀県高島市）の城主・織田信澄《のぶずみ》（信長の甥、光秀の娘婿）、大和郡山《こおりやま》城（大和郡山市）の城主で大和国衆を率いる筒井順慶がいて、それぞれ「天下」の北、北西、西、東北、南部に配置されていた。

南西方面の摂津国南部・和泉方面には関係がないようにみえるが、その先に位置する四国を視野におくと、光秀が土佐の長《ちょう》宗我部《そかべ》氏との交渉窓口（取次《とりつぎ》）を務めている。「天下」をめぐり敵対していた三好氏に注目すると、光秀が「天下」周縁の守備を務めたといえる。つまり、「天下」を治める信長と、「天下」を守る光秀、両者は織田家が「天下」を管轄する表と裏の関係にあったのである。

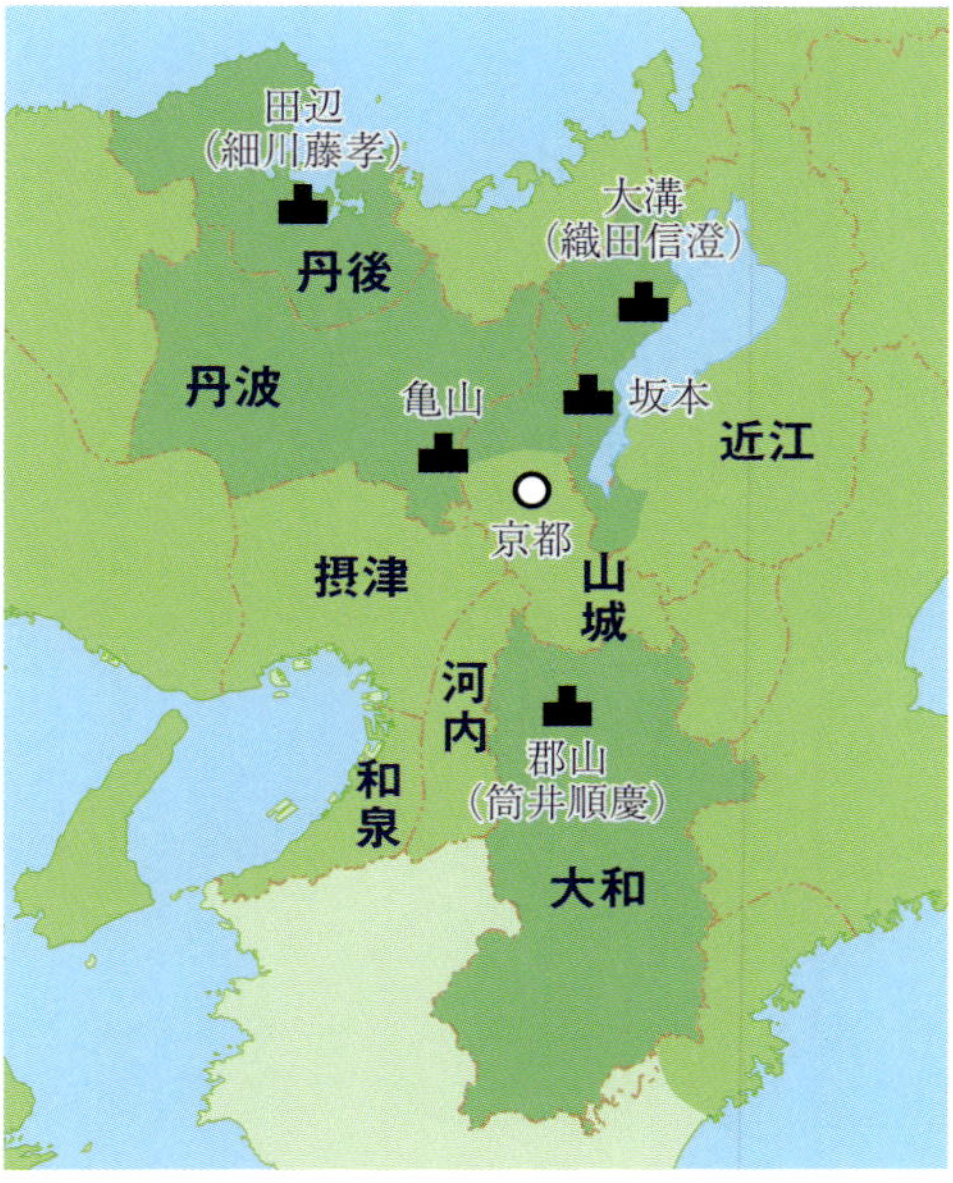

図12　光秀の管轄地域と与力武将の配置図

5 責任重大な京都馬揃えの運営を任される

天正九年（一五八一）正月、光秀は坂本城にいた。城では連歌会や茶会が催されていたが、光秀は疲労が蓄積していたのだろうか。十三日、吉田兼見が坂本を訪れた際、体調不良を理由に面会を断っている。

だが、光秀には休む暇がなかった。二日後、光秀は安土での「爆竹《ばくちく》」（十五日、旧正月の満月を祝う行事）の責任者となったのだ。光秀は責任者としての役割をきっちり務めて、信長から褒められている。

行事の責任者として一流の働きをみせた光秀は、信長から次なる企画を任される。光秀は、親しい吉田兼見にその内容を明かした。

今度信長様が上洛し、馬揃《うまぞろ》えをなさいます。信長様は、管轄地域の有力者に参加するよう連絡せよ、と私に命じられましたので、お知らせしました。信長様のお手紙には、陣参《じんさん》公家衆（戦陣や乗馬行事などに参加する公家）は参加せよとあります。

馬揃えとは、収集した騎馬を披露するパレードである。このときの信長の馬揃えは、京都馬揃えとよばれる。天皇が管轄する内裏《だいり》の東方で行われ、朝廷・武家の要人が一堂に会した信長一世一代のイベントである。信長のパレード・京都馬揃えの告知にあたり、光秀は連絡網の中枢にあった。信長の意向を各所に伝える重要な役目である。

このとき、光秀は慎重に動くことにした。とりわけ気を遣ったのは、参加者の選定であ

吉田神社大元宮◆もとは吉田家の邸宅内にあり、文明十六年（一四八四）に移築されたという。棟の左右にある鰹木が特徴である　京都市左京区

る。光秀は、兼見が必須の参加者にあたるかがわからず、兼見に馬揃えについて知らせがてら、どうすべきか問い合わせたようだ。兼見のもとには、光秀からの連絡と一緒に、信長の手紙の写しが届けられた。兼見は、自分は必須参加者にあたらず、身に過ぎたことで準備も難しいと光秀に伝えた。兼見は光秀に、信長への取り成しも依頼しており、光秀から了解を得ている。

光秀は兼見の申し出に対し、「もし招集がかかってしまうと、いきなり準備するのは難しいと思い、お伝えしたのです」と伝え、不参加なら無理に準備する必要はない、と付け加えた。光秀は兼見に直接会って伝えることはできなかったようだが、できる限りの気遣いをみせたのである。

準備に難色を示した兼見だったが、馬揃えの開催そのものへの関心は大きかったようだ。兼見は日記に馬揃えや、関連する光秀の動きを詳細に書き残している。

光秀は、馬揃えの準備を進める。二月二十三日には細川藤孝・松井友閑とともに、事前に馬揃え用の馬に試し乗

正親町天皇画像◆馬揃えを観覧した正親町天皇は、かつて西近江・北山城に加え、天皇関係者の土地も略奪した光秀を危険視したこともあった　『歴代至寶帖』　個人蔵

『上杉本洛中洛外図屏風』に描かれた吉田神社◆現在地（吉田神楽岡町）に移転したのちの様子。もとは少し西方にあったが、屏風が描かれる以前に、応仁・文明の乱（一四六七～一四七七）で被災している　米沢市上杉博物館蔵

りしていたようである。信長の子信忠・信雄《のぶかつ》や、北陸にいた柴田勝家など、参加者はぞくぞくと京都に集まった。そして、馬揃えの挙行日は二十八日と定められた。

当日の朝、信長が本能寺を出て室町通り方面へ向かい、馬揃えは始まった。光秀も三番隊として大和衆・上山城衆とともに隊を連ねる。五畿内と近隣諸国から公家や有力武将が集まった大規模な隊列は圧巻だった。

信長の先方には六頭の馬に、烏帽子《えぼし》・黄衣《こうえ》・白袴《しろばかま》に紅梅《こうばい》の小袖《こそで》をまとった二十一名の者、薄紅梅の小袖と片衣《かたぎぬ》に皮袴《かわばかま》をまとった小者《こもの》およそ三十名が続いた。それに、儀式用の用品を持った者も控える。兼見は馬揃えの様子を、世にもまれなことだと驚いている。馬揃えは正親町天皇も観覧、天皇も大いに喜んだようで、イベントは大盛況のうちに幕を閉じた。信長、そして馬揃え責任者の光秀にとって喜ばしいことだったに違いない。

安土・京都でのイベントを成功させた光秀は、十二月に家中法度を定める。そこには、信長重臣・側近らへの挨拶を徹底すること、光秀が管轄する近江坂本から丹波への往復ルートの規定、京都での禁止行為リストなどが書き連ねられている。光秀は、このまま京都周辺における信長のブレーンとして生涯を全うするかにみえた。

だが、光秀、そして自身が仕えた信長の運命は翌年、大きく揺れ動いていくのである。

『上杉本洛中洛外図屛風』に描かれた室町通り◆馬揃えの行列が進んだ室町通りは、上京と下京を結ぶ要路で、多くの人が行き来した　米沢市上杉博物館蔵

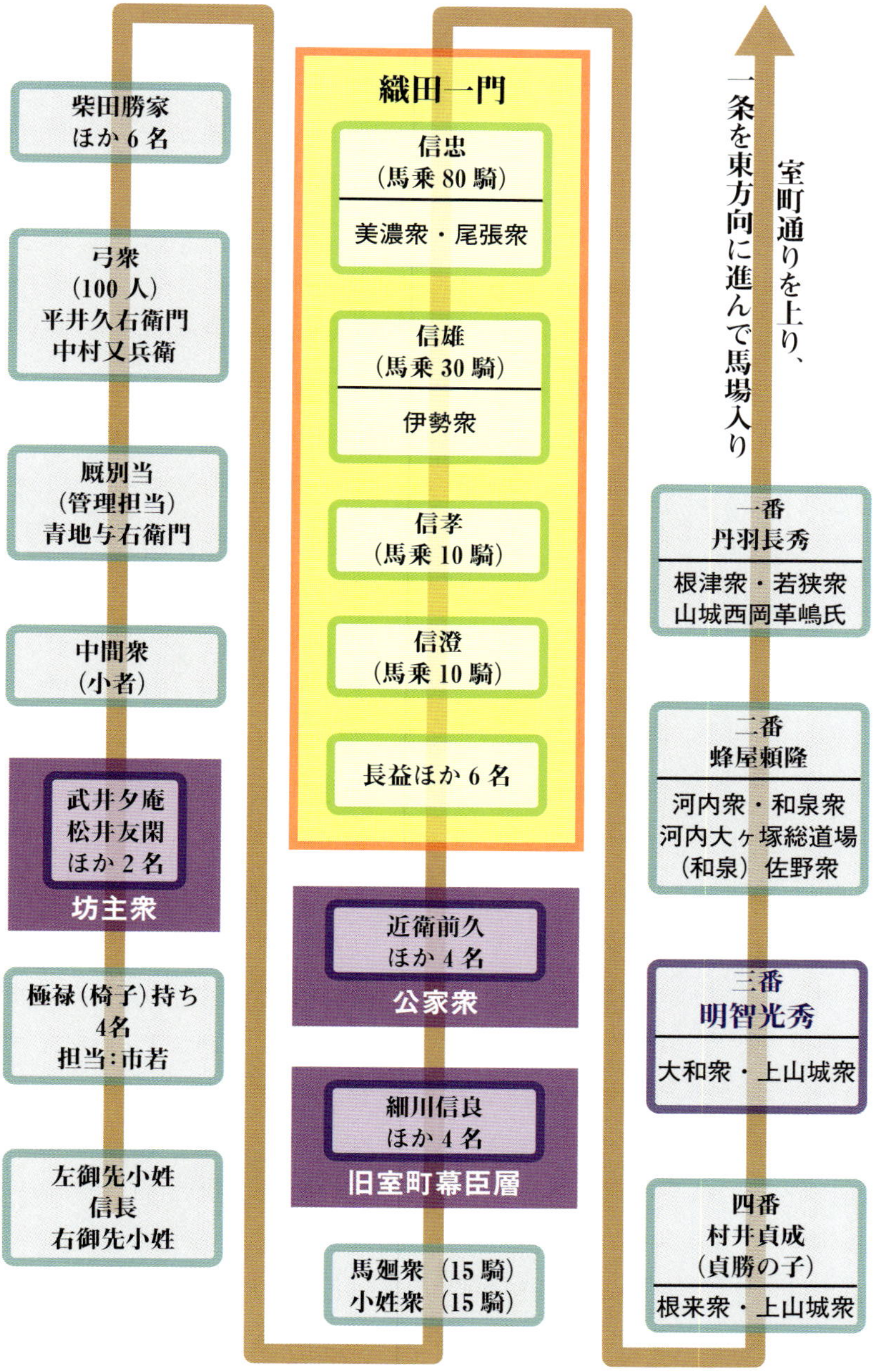

図13 京都馬揃えの構成図

6 本能寺前夜、家康の接待

六月一日夜、丹波亀山で惟任日向守光秀が逆心を企て、重臣らと談合、信長を討ち果たして天下の主となるべく準備し、亀山から中国地方へのルートに三草山《みくさやま》（兵庫県加東市）越えを選んだ。

信長に仕えた太田牛一は、『信長公記』のなかで、光秀側の動きを右のように書き記した。光秀軍はその後、進路を東に変えて京都へ接近、翌日の早朝には信長のいた本能寺を包囲して交戦する。信長は自ら弓と槍をとるも、激戦の末に自害を決意し、炎渦巻く殿中の奥深くへと消えていった。今に至るまで議論がつきない大事件、天正十年（一五八二）六月の「本能寺の変」である。前年、「落ちぶれた身から拾ってもらった」と信長に感謝の意を示していた光秀に、いったい何があったのだろうか。

天正十年中の光秀の足取りをみていこう。正月、光秀は安土城で信長に会った後、坂本にいた。二十三日、光秀は吉田兼見と坂本で茶会・夕食会を行った。光秀は兼見と色々と雑談し、上機嫌だったようだ。つかの間の憩いのときだったのだろう。

二月になると、光秀は信長から、大詰めとなっていた武田勝頼攻めに参陣するよう命じられる。ほかに筒井順慶らにも参陣命令が出たが、光秀はとりわけ大軍を準備し、隊列は見事だったという。家中軍法で軍の規律を定めた光秀の面目躍如、といったところだろうか。光秀は三月五日に信濃国に向けて出発し、その後、四月中に近江に戻ってきている。

明智戻り岩◆摂津国と丹波国を結ぶ峠道にある大岩。中国攻めの援軍を命じられた光秀軍が丹波国亀山を出発し、この岩に達したところで本能寺へ鉾先を変えて逆戻りしたという。また、丹波攻めに際して、この岩まで進軍したところ、この先には討つべき敵がいないと報告を受けたので、引き返したという伝承もある　京都府亀岡市　画像提供：亀岡市文化資料館

五月には、武田氏との戦いを終えて、安土城へ「御礼《おれい》」（臣従の挨拶）にやってきた徳川家康一行を迎える。家康は、武田氏との戦いの矢面に立ち続けた、貴重な信長の盟友である。とくに、今回は調略・戦いの両面で武田氏内部を切り崩し、その滅亡に大きく貢献した。信長の家康に対する歓待ぶりは相当なもので、街道を整備させ、近江の宿泊先では配下の領主たちに歓待させた。家康一行は十五日に安土に到着、信長は家康をもてなすべく、事前に光秀に接待役を任せていた。

信長の家康饗応膳（十六日之夕膳）◆光秀が腐った魚を出し、信長から饗応役を解任される逸話は有名だが、『信長公記』などにはみられない　滋賀県近江八幡市蔵　展示：安土城天主信長の館

光秀は有力寺社と連絡して調度品を整えるなど、準備に奔走し、京都や堺の珍品をとりそろえて盛大にもてなしたという。信長も光秀も、かなりの熱の入れようである。接待は十七日まで続いた。

ちなみに、フロイスの『日本史』や、江戸初期の伝聞をまとめた『川角太閤記』では、家康を接待するにあたり、光秀が信長ともめたとされている。事の真相は不明だが、光秀・信長の死の直後から、両者の対立点として、家康への饗応が位置づけられていたのは間違いないだろう。

安土城の天主跡◆安土城の天主は、先行する坂本城の天主を参考にして築かれたともいわれる。発掘調査で検出された礎石（柱下の石）がみてとれる　滋賀県近江八幡市

7 とうとう信長を討つ。光秀の想いとは？

天正十年（一五八二）五月十七日、光秀は次なる任務に着手すべく、坂本へと引き揚げた。信長の命を受け、今度は西国へ出陣することになったのである。当時は、羽柴秀吉の率いる織田勢が、備中高松《びっちゅうたかまつ》城（岡山市北区）を包囲して毛利勢と対峙していた。

『信長公記』では、五月下旬から光秀の動きが詳しく記述され、本能寺の変というエピローグに向けて、時の流れは加速する。

光秀は、二十六日に坂本から亀山へ移動、二十七日には愛宕山《あたごやま》（京都市右京区）に立ち寄った。この愛宕山は、実は光秀がかねてから崇敬し、丹波攻めなど合戦を行う際に、戦勝の祈りを捧げてきた場所である。『信長公記』には、「光秀は思うところがあったのか、神前に参り二度、三度とくじを引いた」こと、翌日、愛宕山威徳院《いとくいん》で、里村紹巴らと詠み継いだ連歌「愛宕百韻《あたごひゃくいん》」を神前に捧げたことが記される。そして、二十八日に亀山城へ戻った。これ以降、光秀の謀反の瞬間まで、光秀関連の言及はみえなくなる。

一方の信長は、小姓《こしょう》衆二、三十名を引き連れて二十九日に上洛し、六月一日に京都の本能寺で来客の対応にあたる。光秀と親交のある吉田兼見は、仕事が入って訪問が叶わず、翌二日の面会を期した。兼見は、光秀の行動を予想していなかったのだろうか。こちらも真相は闇の中である。

結局、兼見と信長との対面は実現しなかった。『信長公記』によれば、光秀は一日の夜

土用の霊泉◆現在は水が流れていないが、光秀が止血用の薬草を洗った場所とされている　京都府亀岡市
画像提供：亀岡市文化資料館

『上杉本洛中洛外図屏風』に描かれた本能寺（右下）と妙覚寺（左上）◆それぞれ信長・信忠が西国出陣に臨むべく宿泊していた　米沢市上杉博物館蔵

に亀山で逆心を企て、重臣の明智秀満・斎藤利三らと談合し、信長を討って天下の主となることを決めて中国方面へ出陣したという。ここまでは、光秀が次なる任務を遂行していたかのようだ。

だが、『信長公記』の作者・太田牛一は、ここに光秀と信長の運命の分かれ目を見いだした。光秀は、京都方面と摂津方面への

明智越えの道◆光秀が愛宕山と亀山とを往復するために通ったとされる道。京都方面にもつながり、信長を襲撃する際にも通ったともいわれる　京都府亀岡市　画像提供：亀岡市文化資料館

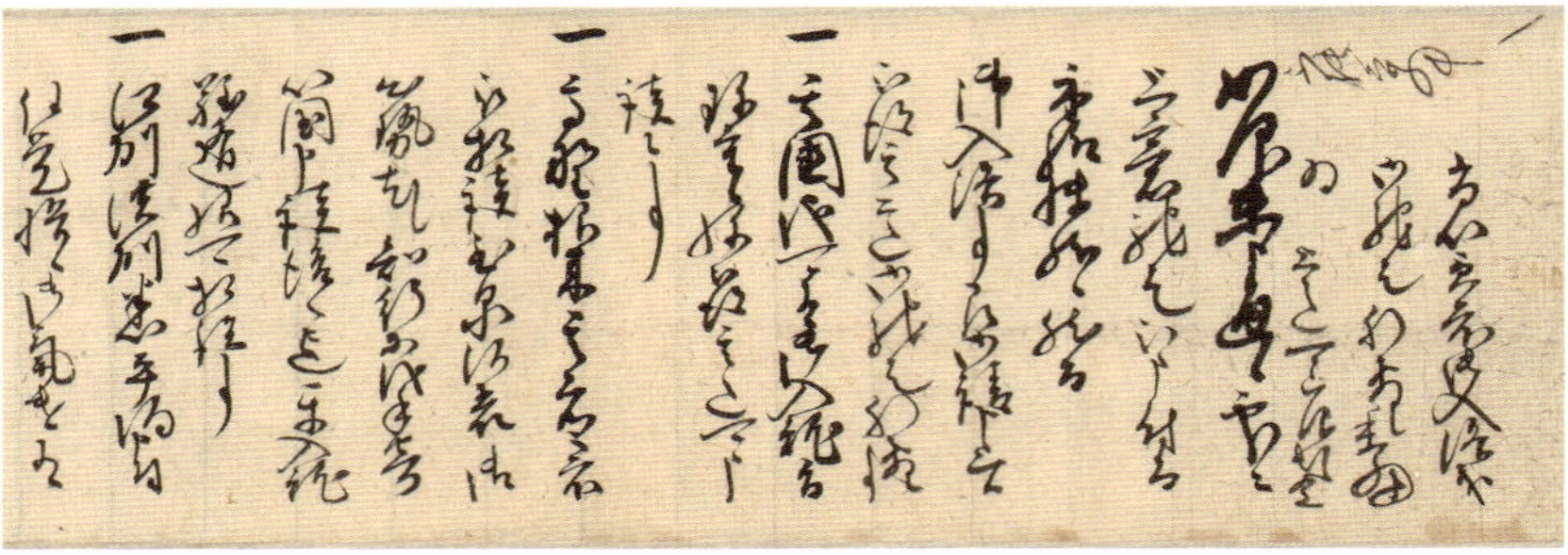

6月12日付け明智光秀書状◆紀伊の土橋氏に、足利義昭の上洛への協力を依頼した手紙。本能寺の変に関わるともされるが諸説ある　美濃加茂市民ミュージアム蔵

分岐点にあたる老ノ山という地に着くと、京都方面を目指して翌日明け方までに桂川沿いに進軍したという。軍勢を準備した光秀と対照的に、信長は中国方面の出陣前に京都へ行くため、わずかな供の者しか引き連れなかった。これが、牛一が紡いだ本能寺の変の序章だった。

二日、光秀軍は本能寺の信長と、二条御所で迎撃した信忠を討ち取る。このとき、信長のみならず、「天下人」の後継者である信忠が京都にいたという状況を考えると、光秀の行動には必然性や計画性もあったといえる。

大勢は午前八時ごろまでに決した。信長・信忠をはじめとする多数の犠牲者のなかには、かつて光秀と共同で政務にあたった京都支配の重鎮・村井貞勝の名もあった。

当時、畿内を離れていた各地の部将たちにも激震が走った。中国攻めを担当していた羽柴秀吉は、五日付けで摂津の中川清秀に手紙を送り、信長・信忠父子は窮地を脱して近江国の膳所《ぜぜ》（大津市）に逃れたと伝え、対決している毛利軍との停戦を模索しはじめた。上野国にいた滝川一益も、国内の味方に対し、京都はとくに何事も

織田信忠画像◆信忠は「殿様」と呼ばれ、織田家のリーダーとして着実に歩みを進めていた。「天下人」継承の真っ只中で起きた光秀の蜂起は、信長の構想、信忠の歩みを打ち砕くことになった　東京大学史料編纂所蔵模写

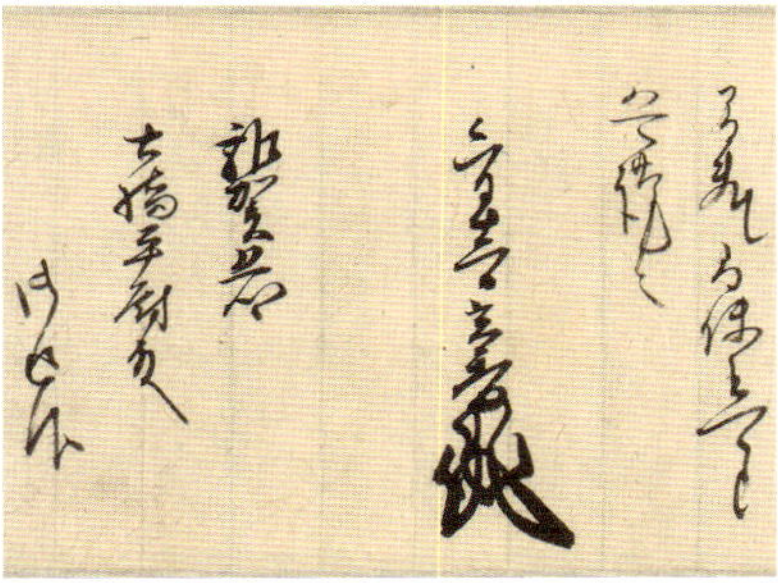

ないようだと報告する。彼らは偽情報を流すことで、味方が浮き足立って敵が勢いづくのを避けようとしたのだろう。

だが、織田氏の支配が始まったばかりの北関東・甲信地方の状況は深刻だった。信長・信忠の死を待っていたかのように、甲斐国では国内の武田遺臣たちが蜂起し、甲府にいた織田家臣・河尻秀隆《かわじりひでたか》はその対応に忙殺される。信濃国でも、森《もり》長可《ながよし》ら織田家臣が居城を維持できなくなって撤収。上野国に残った一益の周囲でも、不穏な空気が流れた。いずれも、本能寺の変から一週間前後の出来事だった。彼らは光秀と直接戦うことはなかったが、本能寺の変の影響をもろに受けることになってしまったのである。

一方、京都は戦火にまみれて、大混乱に陥っていた。半月前に光秀が接待した徳川家康は、当時、畿内見物の真っ最中だった。家康は、堺から京都へ向かう途中で訃報に接すると、近江国甲賀《こうか》（滋賀県甲賀市）から伊賀・伊勢両国を経由して、何とか三河国へと引き返した。吉田兼見は、京都市中への入り口・粟田口《あわたぐち》へ馬を走らせ、光秀と会ったという。光秀は、大津を通って軍勢を進めている最中である。兼見は、光秀に領地の保全を求め、慌ただしく別れるしかなかった。

弥栄の松◆本能寺の変後、伊賀越えをした徳川家康を、伊勢国大湊の廻船問屋である角屋秀持は伊勢国白子から尾張国常滑まで渡して危機を救った。この松は、角屋邸にあったのを移植したものである　三重県伊勢市

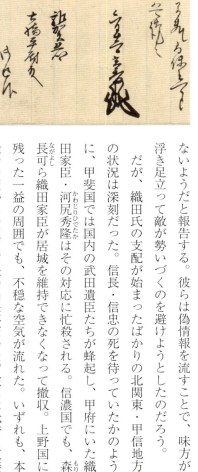

8 長宗我部元親と光秀

織田信長の四国外交は、永禄十一年（一五六八）九月、足利義昭の室町幕府再興に協力し、畿内を平定したときから始まる。それはこのとき、義昭・信長の敵だったのが、三好三人衆（三好長逸《ながやす》・三好宗渭《そうい》・石成友通《いわなりともみち》）、そして彼らを支援する阿波の三好氏（三好長慶《ながよし》の弟実休《じっきゅう》の系統）だったからである。三好氏との対立は、義昭が信長と敵対し、京都を逐われた後も、彼らが義昭と連携したことから続き、織田氏の四国外交は、阿波三好氏への対策としておこなわれていく。

阿波三好氏への対応のなかで、信長が手を結んだのが、土佐の長宗我部元親《もとちか》だった。織田・長宗我部両氏間の通交に際し、光秀は交渉窓口（取次）を務めた。光秀は、家臣・斎藤利三の実兄で、室町幕府奉公衆《ほうこうしゅう》・石谷《いしがい》家の養子となっていた頼辰《よりとき》の義妹が元親の正室にあったという関係を活用して交渉を進めた。光秀の奔走で、織田・長宗我部両氏間の通交は、阿波三好氏への対策を目的に深化していく。

織田・長宗我部両氏の関係は、天正九年（一五七九）十一月上旬までは友好であったが、その後、断交し、天正十年五月には信長の三男信孝《のぶたか》を大将に三好一族の康長《やすなが》を配した四国討伐軍が編制され、六月三日を実施日とした出兵が進められてしまう。背景には、阿波三好氏への対策の転換があった。

この頃、阿波三好氏は、阿波勝瑞城《しょうずい》（徳島県藍住町）を拠点に、織田・長宗我部両氏と

長宗我部元親画像◆土佐の戦国大名。伊予・阿波・讃岐方面にも進出していた強大な勢力で、光秀は織田家と長宗我部家を取り持つ重要な役割を担った　『英名百雄伝』　当社蔵

対戦を続けてきた。ところが、反織田勢力として提携してきた大坂本願寺が降伏したうえ、毛利氏も劣勢にあり、さらに天正九年九月には、池田元助《もとすけ》・羽柴秀吉の軍勢に淡路を制圧されるいう周辺情勢にあった。この事態に、阿波三好氏は織田氏に従属してしまう。この結果、阿波三好氏の勢力圏である阿波国北半分が織田方に組み込まれ、長宗我部領国と接する事態となった。

信長は元親の功績次第による勢力拡大の承認を覆して、土佐本国と阿波国南半分のみを勢力圏として認めた領土分割案（国分《くにわけ》）を提示するが、長宗我部氏と阿波国南半分の国衆たちにとって、簡単には応じ難いもので、軍事衝突の事態は避け難かった。

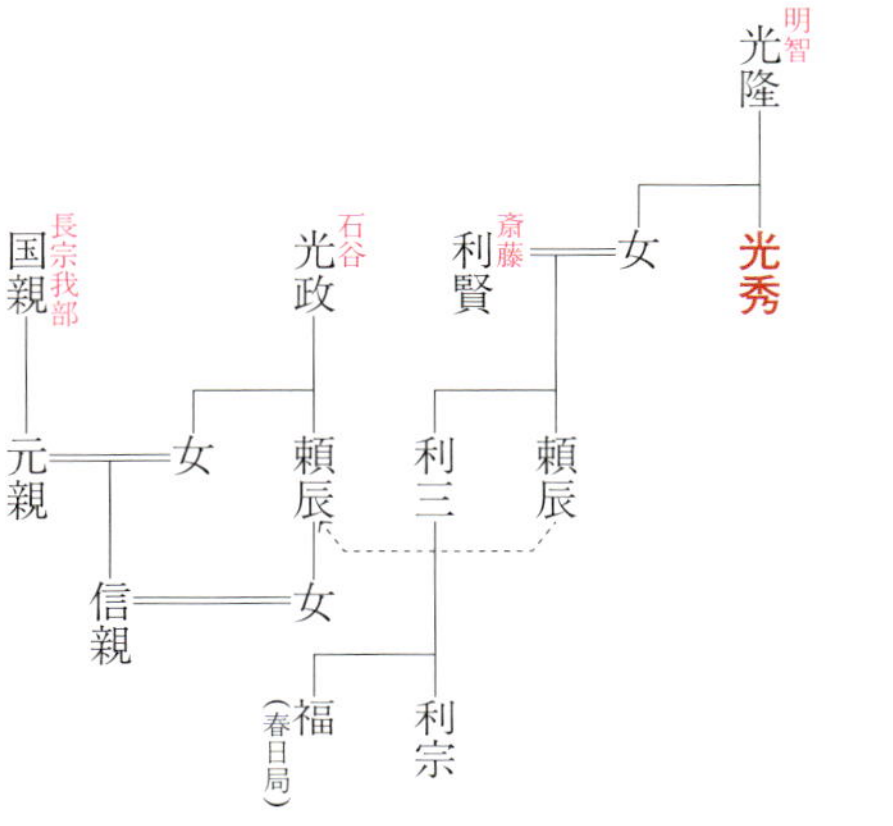

系図２　明智・斎藤・石谷・長宗我部氏婚姻関係図

四国外交の転換は光秀、さらには明智家に、今後の織田家内部における政策決定への発言力に関して影響したが、四国出兵へと舵を切った動きを変えることは難しかった。すでに光秀は、四国外交から外され、挽回の機会を喪失したのである。

この直後の六月二日、光秀は本能寺の変を起こす。四国外交の影響も、光秀が本能寺の変を起こした要因の一つに考えられようが、今後も引き続き検討は必要だろう。

勝瑞城館跡の復元礎石建物◆阿波三好氏の拠点で、阿波国の政治・経済・文化の中心地として繁栄した。饗宴の場として使われた建物である会所が復元されている　徳島県藍住町

9 山崎の戦いで秀吉に敗れ、夢が終わる

天正十年（一五八二）六月二日、吉田兼見と別れた光秀は、近江へと進軍した。光秀は混乱の中、京都周辺の寺社との連携に努め、自軍の乱妨狼藉行為を禁止する禁制を発し、事態の収拾を図る。

だが、近江攻めは難航した。琵琶湖南岸交通の要・瀬田橋《せたばし》（大津市、天正七年に信長が新造）が、瀬田城主の山岡景隆《やまおかかげたか》によって焼かれ、光秀は橋を修繕しなければならなくなったのだ。光秀は居城・坂本城にとどまり、重臣・明智秀満に急ピッチで橋の工事を進めさせる。五日ごろまでに橋は直り、光秀は北東に進んで、天下人織田家の政庁・安土城を掌中に収めたという。

兼見は、どうにかして光秀の情報を収集しようとしていたようだ。とはいえ、「四日、光秀は近江を平定したという」、「五日、光秀は安土城に入ったという。近江日野《ひの》（滋賀県日野町）の蒲生賢秀《がもうかたひで》が在城しており、光秀に城を明け渡したという噂だ」と、仕入れた情報はあやふやである。

だが、光秀が織田方、さらには天下人信長の核となる安土城をおさえたのは事実だった。六日、兼見は誠仁親王《さねひとしんのう》（正親町天皇の皇子）の命で、光秀への勅使《ちょくし》（朝廷の使者）となり、翌七日、安土城で光秀との対面を果たした。このとき、光秀は兼見に、今回の謀反について語ったという。だが、両者が語った内容は、残念ながら明らかではない。

瀬田橋◆瀬田の唐橋ともいう。京都方面と近江を隔てる瀬田川を渡る唯一の交通手段だった　大津市　画像提供：びわ湖大津観光協会

光秀は、兼見と面会すると、摂津攻略に向けて京都に出発する。備中高松で毛利勢と対峙していた羽柴秀吉が、京都に帰還してくるという噂が流れたからであった。秀吉は毛利方と和睦して畿内へ急行、九日には摂津尼崎まで戻ってきていたのである。

京都に到着した光秀は、九日、朝廷への対応策を練ってから、兼見・里村紹巴といった気心知れた者たちと夕飯をともにする。食事会を終えると、光秀は摂津に迫るべく、慌ただしく下鳥羽《しもとば》（京都市伏見区）へと移動した。光秀は、兼見や紹巴と再度対面することはなく、九日の食事は最後の交流となった。十一日、光秀は淀《よど》（同）で敵に備えるべく工事を行い、京都近辺の警戒にあたる。

しかし、ここで光秀にとって計算外の事態が起きてしまう。光秀の従兄弟で、政治・戦争で行動をともにしてきた細川藤孝や、大和での味方だった筒井順慶（本能寺の変後、途中までは光秀に協力）が、光秀への加勢を拒んだのである。

藤孝・忠興父子は信長の死を受けて、元《もと》結《ゆ》い（髪の髻《もとどり》を束ねる紐）を取って哀悼の意を示した。光秀は内心不満を抱きつつも、何とか味方につけようと手紙を送る。光秀は、今回の一件は忠興らを取り立てるための行動で、事態が落ち着いたら身を引くつもりだと弁解した。藤孝・忠興父子に納得してもらい、味方に引き込もうと説得したのである。しかし、父子からのレスポンスはなかった。光秀躍進のきっかけをつくった、藤孝との決別の瞬間だった。

一方の順慶の去就については、さまざまな噂が流れた。光秀が河内国方面への進軍を企

『山崎合戦図屏風』に描かれた明智軍の先鋒◆先陣を切った斎藤利三は力戦し、一時は秀吉軍の先鋒・高山右近隊を押し返していた　大阪城天守閣蔵

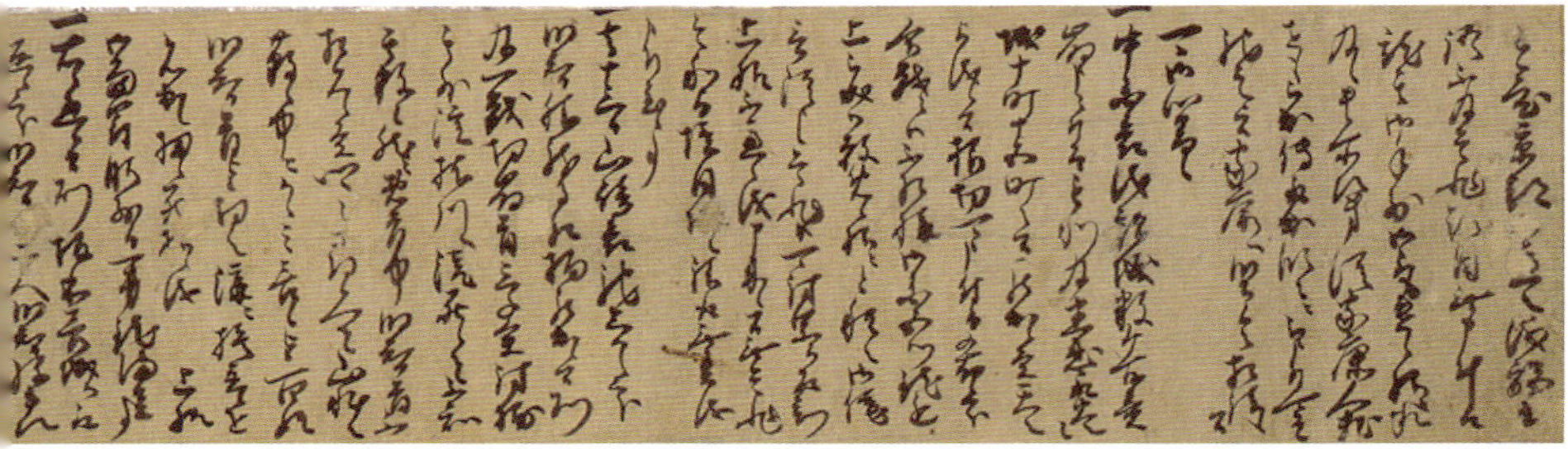

図したときも、順慶は軍勢を準備している。だが、順慶が光秀方になびくことはなかった。藤孝・順慶には、秀吉による根回しが進んでいたのである。

光秀は、藤孝や順慶への接触と並行して、摂津の中川清秀や高山重友（右近）にも協力を求めていたが、こちらも失敗に終わる。清秀と右近は伊丹城（兵庫県伊丹市）の池田恒興《つねおき》とともに、秀吉と組んで、光秀に敵対の意をあらわにした。

光秀の敵は、秀吉だけではなかった。当時、四国攻めのため大坂にいた信長の三男・信孝は、光秀の娘婿で従兄弟にあたる信澄を殺害、同じく四国攻めを担当する丹羽長秀と協力し、光秀との敵対準備を進めていた。下鳥羽に出陣した時点で、光秀は追い込まれていたのである。

十二日には、秀吉は摂津国富田《とんだ》（大阪府高槻市）に到着、池田・中川・高山勢とともに、光秀のいる山城へと迫る。光秀は、摂津との国境に位置する山崎まで出て、勝竜寺《しょうりゅうじ》城付近（京都府長岡京市）を放火、戦いの時は間近だった。

十三日、光秀軍は、信孝とも合流した秀吉軍と激突する。光秀の最後の合戦、「山崎の戦い」である。雨が降りしきるなか、

明智光秀の陣地跡◆大規模な前方後円墳である恵解山古墳からは、山崎の戦いと同時期の銃弾などが見つかっている　京都府長岡京市

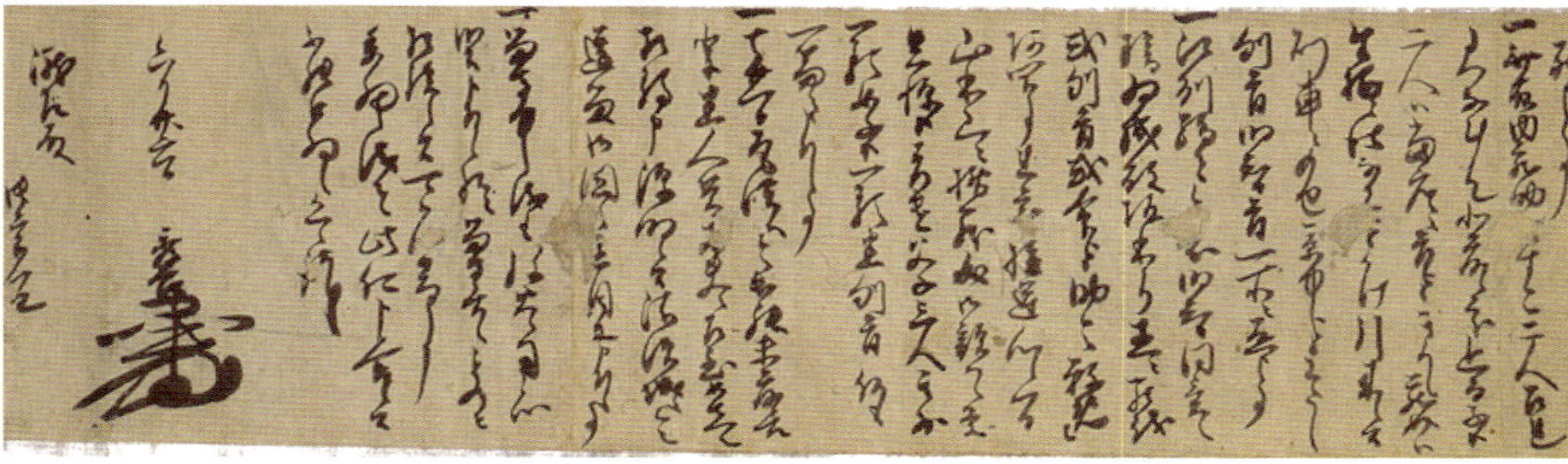

（天正10年）6月26日付け羽柴秀吉書状◆光秀の首は溝に捨てられていたと書かれている。秀吉は信長を殺した罰だと豪語する　大阪城天守閣蔵

両軍は死闘を繰り広げる。だが、摂津各地から集まった信孝・秀吉軍（約四万）に、数で大きく劣る光秀軍（約一万）は苦戦した。光秀は信孝・秀吉の前に敗北、勝竜寺城へと逃れる。信孝・秀吉軍は追撃を続け、光秀は勝竜寺城からも退いた。光秀の行き先は、妻子と重臣・明智秀満らが守っていた坂本城であった。

しかし、光秀の帰還は叶わなかった。山城国東部（史料により地名は異なる）で村人たちによる落ち武者狩りに遭遇し、防戦叶わず、生涯を終えたのである。信長の死から、二週間足らずの出来事だった。一方の坂本城は、十四日に敵軍の包囲を受ける。城を守る秀満は籠城が困難と判断し、城に火を放って光秀の家族らとともに玉砕、光秀の栄光の痕跡も、光秀の死とともに失われてしまった。

京都にいた兼見は、盟友・光秀が敗北すると、京都の平穏と自領の安全を保つべく、信孝・秀吉と接近していく。光秀の死については、日記に「醍《だい》醐《ご》で一揆勢に討ち取られた」のち、「首級と胴体は本能寺に晒されたらしい」と、淡々と記すだけだった。

山崎の戦いの舞台である天王山◆天王山の麓を流れる円明寺川（小泉川・写真中の柵の外側）沿いで両軍は激突したという　京都府大山崎町

10 光秀の生涯とは何だったのか

光秀の生涯や人間像などを考えるうえで、キーワードとなるのは、やはりイエズス会宣教師ルイス・フロイスの評「才略、深慮、狡猾さ」だろう。

「才略」については、信長の光秀評を参考にしたい。光秀は天正二年（一五七四）、摂津・河内で信長の敵対勢力との戦いに加わっていた。光秀が信長から評価されたのは、その戦況報告だ。光秀の報告書は、信長に「しっかりとしていて実に奇特なことだ。摂津方面の戦況も、手紙をじっくり見れば、まるで目の前で起きているかのように正確である」と絶賛されるほどの出来栄えだった。

原史料は残っていないが、天正八年、信長が重臣・佐久間信盛を叱責した手紙（折檻状《せっかんじょう》）にも光秀の名が出てくる。信長は、そこで功績のある家臣の筆頭に光秀の名を挙げている。光秀が有力者との連携や、兵粮攻め（八上城攻略）を交えて行った丹波攻めについて、「丹波国での光秀の活躍は、天下に面目をほどこした」と絶賛しているのだ。

光秀は、信長が足利義昭を奉じて上洛したのち、丹羽長秀ら、当時の織田家中の中心メンバーに混じって京都支配に参画したり、近江南西部や山城北部の経営を任されたりと、短期間で大抜擢されたイメージが強い。信長に仕えた人物で出世頭というと、羽柴秀吉が代表的である。秀吉は、ときに信長から叱責を受けたが、同時代・後世を問わず、信任ぶりがうかがえるエピソードに事欠かない。光秀もまた、秀吉に匹敵するエピソードの持ち

明智公陣太鼓◆光秀が贈ったものと伝えられる。太鼓を所有する盛安寺境内の太鼓楼の壁には、光秀を顕彰する駒札が掛かる　大津市

主で、信長はその「才略」を高く評価していた。

「深慮」ぶりがよく表れているのは、「才略」でみられた業務のこなし方に加えて、「明智光秀家中軍法」のあとがき部分である。光秀が、軍法のなかで自軍の規律を糺そうとした背景には、すでに述べたように、「落ちぶれた身から拾ってもらった私が、莫大な軍勢を任されたからには、乱れた法度だと、武功がない人間だとか、国家の穀潰しで公務を怠っている、と嘲笑されて方々に苦労をかけてしまう」という自己分析があった。光秀は、自分が成り上がり者だと自覚し、周囲から讒責を受けることがないよう、慎重に振る舞ったのだろう。

「狡猾さ」は、近江の比叡山攻めの際に、比叡山近隣の村をなで切りにする、と伝えたことや、丹波で城の取り壊し命令に従わない領主を追討したことからも見えてくるだろうか。とくに比叡山焼き討ちは、信長の残忍性を伝える出来事として有名だが、光秀もかなりの強硬姿勢をみせている。

明智光秀木像◆明智一族の菩提を弔う西教寺に、煕子像と一対で安置されている木像。光秀は死後も坂本で崇敬を集めた　大津市

羽柴（豊臣）秀吉画像◆かつて政治・軍事の両方で協力していた光秀を討ち、信長死後の織田家内部で発言力を増していった　当社蔵

「天正年中明智公所蔵古木」◆光秀が近江攻め後に再興した、西教寺大本坊で見つかった。数少ない光秀の遺品である　大津市・西教寺蔵

フロイスは光秀を、「刑を科するに残酷で、独裁的でもあったが、己れを偽装するのに抜け目がなく、戦争においては謀略を得意とし、忍耐力に富み、計略と策謀の達人であった」とも評している。プラス・マイナスの両方が合わさった評価だが、光秀の敵対勢力に対する姿勢をみると、誇張表現とも言い切れない。こうしてみると、光秀の人間性は、才知・責任感に富み、外聞を重視するとともに、冷酷さも兼ね備えたものだったといえる。

ちなみに、フロイスは『日本史』のなかで信長評も行っている。フロイスによれば、信長は「極度に戦を好み、軍事的修練にいそしみ、名誉心に富み、正義において厳格」で「戦運が己れに背いても心気広濶《しんきこうかつ》、忍耐強」く、「善き理性と明晰な判断力を有し」ていたという。光秀に抱いた印象と、さほど大きく変わらないのである。

信長のもとで躍進し、信長を殺めた直後に自らも死を迎えた光秀。その人間性は、実は最も信長に近しいものだったのかもしれない。

明智光秀一族の墓◆明智氏の菩提寺・西教寺では、坂本への帰還が叶わなかった光秀と、敵軍の前に命を落とした明智一族を偲ぶ　大津市・西教寺境内

第四章　光秀を支えた一族と家臣

「明智左馬之介湖水渡」の図◆『國史画帖大和櫻』　当社蔵

1 仲むつまじかった妻・熙子と妻木一族

光秀の正室は、美濃国土岐郡妻木城を本拠とした妻木氏の出身で、名を熙子《ひろこ》という。父は、『細川家記《ほそかわかき》』によると勘解由左衛門範熙《かげゆざえもんのりひろ》である。これまで、範熙は『妻木氏系図』にみえる藤右衛門広忠《とうえもんひろただ》と同一人物と考えられてきたが、『寛永諸家系図伝《かんえいしょかけいずでん》』に、広忠は光秀の「伯父」とあることから、範熙の兄と思われる。広忠は、光秀の滅亡後、近江坂本城の近くに所在する光秀一族の菩提寺・西教寺で自害したという。

熙子の生年などはよくわからず、実像は謎に包まれている。『兼見卿記』によると、天正四年（一五七六）十月十日に、光秀は妻の病気が治るように、吉田神社の神主・吉田兼見に祈念を依頼している。妻の病気は二十四日に一時的に回復したが、西教寺の過去帳《かこちょう》によると、十一月七日に亡くなったらしい。法名は福月真祐大姉で、同寺の境内には現在も墓がある。これらは、すべて熙子のことを指すと考えられている。一説によると、この年四月の大坂本願寺攻めに加わっていた光秀が発病したため、その看病中に病をうつされたのが、そもそもの原因だという。

光秀と熙子の夫婦仲は、非常に良かったといわれている。そのため、「結婚直前に疱瘡《ほうそう》（天然痘《てんねんとう》）にかかり、左頬にその痕が残ってしまった熙子を、光秀は気にせず妻に迎えた」、「弘治二年（一五五六）、斎藤義龍によって居城・明智城が落とされると、光秀は身重の熙子を背負って越前へと逃亡した」などの美談が伝わっている。

『絵本太閤記』に描かれた熙子が髪を売る場面◆信長に仕える前の、貧しい越前時代の光秀・熙子夫妻。熙子の黒髪には、来客にごちそうをふるまえるほどの高値がついたという。後年、多くの連歌会を主催した光秀からは、想像がつかない光景である　当社蔵

なかでも、とくに有名なのが、越前時代の逸話である。美濃を逐われた光秀と熙子は、美濃街道を通って越前へと辿り着き、丸岡にある称念寺の門前で貧しい暮らしを送っていた。光秀はやがて、越前の朝倉義景に仕えることになり、一介の浪人ではなくなったが、相変わらず生活は苦しかった。そんなある日、朝倉氏の重臣たちが参加する連歌会の催しを、光秀が担当することになった。酒宴の用意に四苦八苦する光秀をみかねた熙子は、自らの黒髪を売ることで酒宴の費用を工面し、夫を支えたという。

この美談は、元禄二年（一六八九）に松尾《まつお》芭蕉《ばしょう》が伊勢の門弟・山田《やまだ》又玄《ゆうげん》の邸宅で、その妻に宛てて詠んだ句「月さびよ、明智が妻の、咄せむ」の元ネタでもある。芭蕉は、『奥《おく》の細道《ほそみち》』執筆の旅の途中で丸岡に立ち寄った際に、称念寺に伝わるこの逸話を耳にしたと考えられる。

江戸時代、「謀反人」の典型として扱われた光秀に関する逸話が、美談として語られているのは興味深い。熙子との夫婦仲の良さが、多くの人の心を打った証拠だろう。

熙子木像◆光秀木像と一対で安置される熙子像は、仲むつまじい夫婦の印象を今に伝える　大津市・西教寺蔵

妻木一族の供養墓と松尾芭蕉の句碑◆芭蕉は伊勢神宮に参詣する途中、又玄夫婦から精いっぱいのもてなしを受け、又玄の妻に熙子を重ねた　大津市・西教寺境内

なお、熙子の実家・妻木氏は、光秀の滅亡後、広忠の孫頼忠《よりただ》が関ヶ原の戦いで東軍につき、西軍の美濃岩村《いわむら》城（岐阜県恵那市）の城主・田丸直昌《たまるなおまさ》と戦った功績で、徳川家康から妻木の地七五〇〇石を安堵された。万治元年（一六五八）に一度断絶するも、子孫はその後も旗本《はたもと》として明治維新《めいじいしん》まで存続している。

ところで、『兼見卿記』や『多聞院《たもんいん》日記』には、光秀の妹「妻木」が登場する。とくに吉田兼見とは親しかったようで、何度か贈り物や手紙のやりとりがなされている。信長の側室《そくしつ》ともいわれる彼女は、光秀が担当した天正五年の興福寺《こうふくじ》・東大寺《とうだいじ》間の争いでも、信長や光秀の意向を伝達する役目を果たした。光秀にとって、「妻木」は信長との関係をとりもつ、なくてはならない女性だった。

ところが、『多聞院日記』によれば、「妻木」は天正九年八月七日・八日ごろに亡くなってしまい、「妻木」を頼りにしていた光秀はとても落胆したという。『多聞院日記』の「妻木」の死亡記事は、八月二十一日条にみられる。この頃、光秀は郡山城の普請見舞いのために大和を訪れており、二十一日は光秀が大和を離れる日にあたる。『多聞院日記』には、書き手の英俊《えいしゅん》（多聞院主）が仕入れた伝聞も記され、文末が「云々《うんぬん》」で結ばれることも多いが、「妻木」の死については、「比類《ひるい》なく力を落とすなり」とある。英俊は、悲しみの底に沈む光秀の姿を目の当たりにしたのだろう。本能寺の変が起きたのは、頼りとしていた「妻木」が亡くなって十ヵ月後のことであった。残念なことに、「妻木」と妻木氏との関係はよくわからないが、妻木氏が光秀の飛躍に一役買ったことは間違いないだろう。

美濃焼天目茶椀◆明智氏の所領があったという可児郡は、美濃焼の産地でもあった　邑楽町教育委員会蔵

2 悲運な光秀の子どもたち

通説では、光秀には三男四女がいたとされる。母はすべて熙子だといわれているが、先妻や側室の存在も指摘されており、はっきりとしたことはわからない。光秀の子どものなかで一番有名なのは、細川忠興に嫁いだ三女玉子《たまこ》（洗礼名《せんれいめい》ガラシャ）だろう。玉子については次項で詳しく扱うため、ここでは長女、四女、嫡男光慶《みつよし》の三人を取り上げよう。

光秀の長女は、初め摂津有岡城主・荒木村重の嫡男村次に嫁いだが、天正六年（一五七八）に村重が主君信長への謀反を企てたことで、離縁されて光秀のもとへ戻ったという。

その後、明智秀満と再婚した。秀満は、『明智軍記』に登場する「明智左馬助光春」のモデルとなった人物である。光秀の従兄弟ともいわれるが、出自については諸説があり、はっきりとしたことはわからない。もともと「三宅弥平次《みやけやへいじ》」と称したが、光秀の長女と結婚したのち、明智姓を名乗るようになった。

斎藤利三と並ぶ光秀の重臣で、丹波福知山城の城代を務め、本能寺の変後は安土城に入城した。そのため、山崎の戦いには参加せず、安土城で敗戦の知らせを受けた秀満は、馬で琵琶湖を渡り、坂本城に戻ったという伝説が残っている。坂本城はすぐに秀吉方の堀秀《ほりひで》政《まさ》の軍勢に囲まれたため、秀満は妻を含む光秀一族を全員刺殺したうえで自害した。

四女は、信長の甥信澄に嫁いだ。信澄の父信成《のぶなり》（信長の弟、初名は信勝《のぶかつ》、一般には「信行《のぶゆき》」として知られる）は、二度にわたって兄信長に謀反を企てた罪で殺害されたが、信長はそ

系図3　光秀の子と姻戚関係図

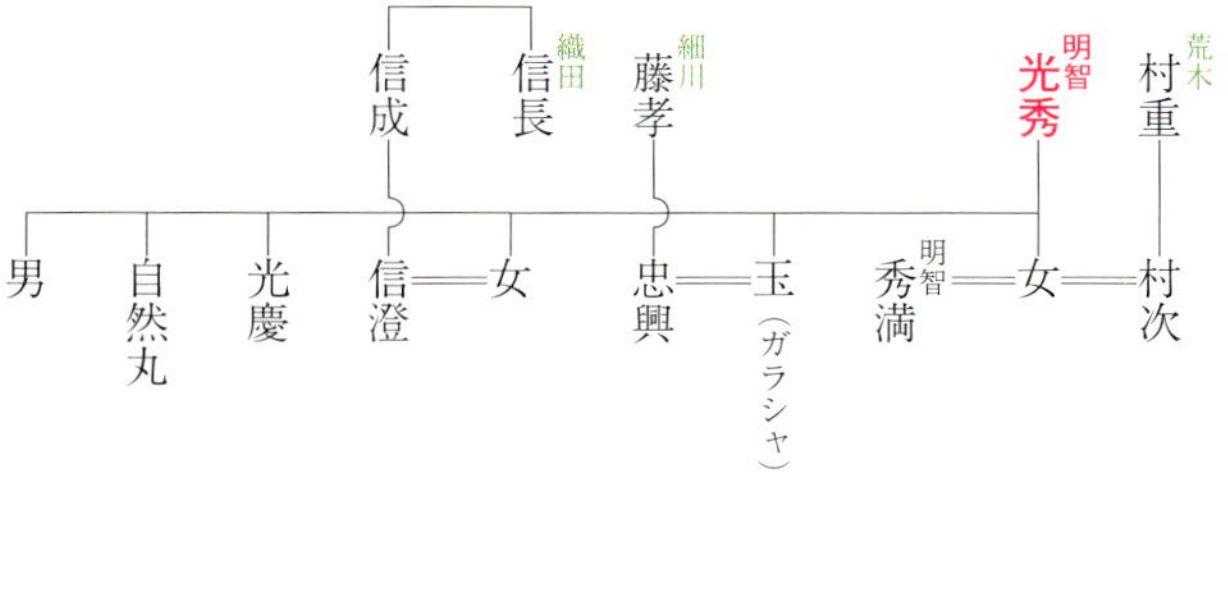

明智秀満所用の鞍◆秀満は琵琶湖上を馬に先導させ、鞍の後輪に取り付けた手縄につかまって渡ったという　大津市・西教寺蔵

の遺児・信澄を重用した。信澄は、天正七年以降、琵琶湖の要衝である大溝城を任され、本能寺の変の直前、信長の三男信孝に従って、四国攻めのために大坂に駐留していた。

ところが、変が起こったことで光秀との内通を疑われ、実際には無実だったにも関わらず、信孝や丹羽長秀らによって討たれてしまう。夫の横死後、光秀の四女のゆくえはわからない。

嫡男光慶は、「愛宕百韻」の最後の詠み手として登場し、「国々は猶《なお》、長閑《ちょうかん》なる時」の句を残している。史料上で唯一実在が確認される光秀の息子だが、詳しい動向はよくわからない。イエズス会宣教師のルイス・フロイスが書いた『日本史』では、坂本城の落城時、「明智の二子が死んだが、非常に上品な子供たちで、ヨーロッパの王子を思わせるほどであったと言われ、長男は十三歳であった」とある。この「長男」を光慶とするならば、元亀元年（一五七〇）生まれとなるが、確証はない。

本能寺の変から七日後の天正十年六月九日、光秀が細川幽斎（藤孝）・忠興父子に送っ

「勇士左馬之助湖水渡之図」◆秀満の湖水渡りは、十七世紀前半に編まれた『川角太閤記』などにも取り上げられ、講談などでも人気を博した　個人蔵

た有名な覚書がある。ここで光秀は、信長を討ったのは決して私欲のためではなく、畿内が平定された暁には、政治は「十五郎《じゅうごろう》」や「与一郎《よいちろう》」（忠興）らに任せると述べている。従来は、「十五郎」が光慶だと考えられてきたが、最近では忠興の弟・頓五郎興元《とみごろうただもと》とみる向きもある。

このように、光秀の子どもについて、良質な史料からわかることはかなり少ない。ただ、一つ確かなことは、前述したフロイスの『日本史』に「長男は十三歳」とあるように、光秀が長い間、男子に恵まれなかったことである。長男の年齢から判断すると、次男・三男はまだ年端《としは》もいかない童で、坂本城にいたと考えられる。

次男は自然丸といい、父とともに天正二年閏十一月二日に坂本で開かれた連歌会に参加している。連歌会には、発句を作歌した細川藤孝や里村紹巴ら、光秀の盟友が参加しており、光秀は彼らと自分の息子を引き合わせたのだろうか。天正二年の時点で登場していることを踏まえると、光慶との年齢差は大きくなかったと思われる。

しかし、その後、自然丸が連歌会に参加した形跡は確認できず、連歌以外での動向もつかめない。三男の動きは自然丸以上につかめず、幼名もはっきりとしない。光秀の息子に関する情報があまりに少ないのは、坂本城落城時に秀満によって殺された光秀一族の中に、彼らも含まれていたからだろう。

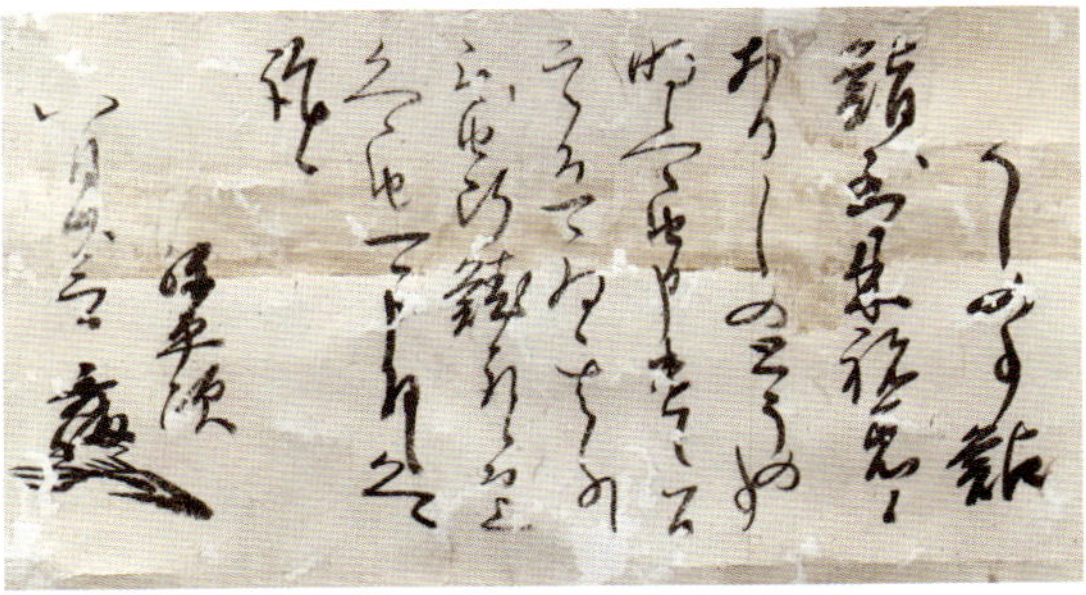

八月二十三日付け明智秀満書状◆ごく最近みつかった、宛先不明の秀満の手紙。鮎鮨をもらったことに対して礼を述べている　福知山市郷土資料館蔵

3 三女・玉子（ガラシャ）と細川忠興

光秀の三女・玉子は、永禄六年（一五六三）、正室・熙子を母として生まれた。光秀が足利義昭に従って上洛し、歴史の表舞台に登場する五年前のことである。このとき、光秀は越前の朝倉義景に仕えていたと考えられ、玉子も越前で生まれたのだろう。

この年の十一月十三日、のちに夫となる細川忠興も、京都一条にあった細川屋敷で生まれている。父は藤孝、母は正室の沼田麝香《ぬまたじゃこう》である。忠興は勇猛果敢な青年に育ち、天正五年（一五七七）十月一日、当時、「長岡与一郎」と名乗っていた十五歳の忠興は、三歳下の弟頓五郎（のちの興元）とともに、大和片岡城攻めで一番乗りを果たした。翌日、信長は忠興の戦功を賞賛する自筆の書状を送っている。

翌年の八月十一日には、信長は光秀に忠興の「縁辺《えんぺん》」（婚姻）のことについて命じ（『細川家記』）、ここに忠興と玉子の結婚が決まった。二人の婚儀は八月のうちに、藤孝・忠興父子の居城・勝竜寺城で行われた。忠興はその後も丹波・丹後攻めなどで戦功を挙げ、玉子は天正七年に長女、同八年に長男・忠隆《ただたか》を出産し、順風満帆な日々を送っていた。

ところが、そんな二人に大きな危機が訪れた。本能寺の変である。藤孝・忠興父子は光秀からの援軍要請を拒否し、玉子は丹後国味土野《みどの》（京都府京丹後市）に幽閉された。実父と夫の間に挟まれた玉子の苦悩は計り知れないが、忠興としても、ほとぼりが冷めるまで最愛の妻を幽閉するのは苦渋の決断だったろう。

勝竜寺城跡◆山崎の戦いで敗れた光秀は一度、勝竜寺城に帰城するも、秀吉の追撃を受けて、坂本に落ち延びる途中で村人の落ち武者狩りに遭い、落命した　京都府長岡京市

秀吉政権が確立しつつあった天正十二年、玉子はようやく、味土野の地から大坂玉造《たまつくり》に新造された細川屋敷へ移ることが許された。しかし、ここでも軟禁状態に置かれていたようである。

幽閉中に侍女清原《じじょきよはら》いとの影響でキリスト教に強く惹かれていた玉子は、同十五年二月、九州攻めに従軍した忠興の留守中に、彼岸《ひがん》を口実に密かに教会（所在地は不明）へと赴いた。そしてこの年八月、スペイン人宣教師セスペデスの許可を得て、いとが先に洗礼を受けていたことから（洗礼名マリア）、細川屋敷の自室で受洗し、「ガラシャ」（ラテン語で「神の恵み」の意）の洗礼名を授かったのだ。

しばらくは平穏に過ごしていた玉子だったが、またしても悲劇が襲う。慶長五

細川ガラシャと忠興の銅像◆勝竜寺城公園に立つ一対の夫婦像。夫婦の運命は、本能寺の変で大きく揺れ動いていく　京都府長岡京市

ガラシャ輿入れ行列屏風◆勝竜寺城のあった長岡京市では、毎年、長岡京ガラシャ祭が開催され、輿入れ行列が再現されている　長岡京市教育委員会蔵

浮世絵に描かれた細川ガラシャ◆ガラシャの死の直前を描いている。真ん中の河北石見が館に火を放ち、左の小笠原少斎がガラシャの介錯をつとめたという　個人蔵

年（一六〇〇）、徳川家康と対立していた石田三《いしだみつ》成《なり》は、家康が上杉景勝《かげかつ》討伐のために会津《あいづ》（福島県会津若松市）へ向かった隙に、大坂屋敷にいた大名の妻子を人質に取る作戦に出た。

七月十七日、三成方の軍勢に屋敷を囲まれた玉子は死を覚悟する。キリスト教では自殺が禁じられているため、玉子は家老小笠原少斎《おがさわらしょうさい》にみずからの胸を突かせて死んだ。三十八歳だった。玉子の死に嘆き悲しんだ忠興は、翌年、イタリア人宣教師オルガンティーノに頼み、大坂の教会で葬儀を行っている。

江戸幕府が開かれ、寛永九年（一六三二）に細川家は豊前国小倉《こくら》（福岡県北九州市）から肥後国熊本（熊本市）へと転封された。このとき、忠興はすでに藩主の座を退いており、三男の忠利《ただとし》が家督を継いでいた。忠利は同十四年、熊本城近くの立田山の麓に泰勝院《たいしょういん》（のちに泰勝寺、現在は廃寺）を建立し、祖父幽斎父子と母玉子の菩提を弔った。忠興は正保二年（一六四五）十二月二日に八十三歳で没し、泰勝院の墓所に玉子とともに現在も眠っている。

細川ガラシャの墓◆ガラシャの終焉の地・大坂屋敷から淀川を挟んで北方に建っている　大阪市東淀川区・崇禅寺境内

4 光秀の右腕として活躍した斎藤利三

天正十年（一五八二）六月一日の夜、光秀は亀山城で四人の重臣に主君信長を滅ぼす決意を打ち明けたという（『信長公記』）。四人とは、明智左馬助《さまのすけ》秀満、明智次右衛門《じえもん》光忠《みつただ》、藤《ふじ》田伝五《たでんご》、そして斎藤内蔵助利三である。彼らの同意により、翌日未明の本能寺襲撃は成功した。なかでも利三は、『言経卿記《ときつねきょうき》』に「今度の謀叛随一なり」と評されているように、クーデターの中心的人物だった。

利三は、天文三年（一五三四）に美濃で生まれたという。父は斎藤伊豆守（『美濃国諸家《みののくにしょけ》系譜《けいふ》』によると、実名は「利賢《としかた》」）で、斎藤道三《どうさん》以前に美濃守護代を務めた本来の斎藤氏の一族とされる。母は、蜷川親順《にながわちかより》の娘とする説や光秀の妹とする説などがあり、はっきりとしたことはわからない。

もともと美濃三人衆の一人であった稲葉《いなば》一鉄《いってつ》の家臣で、その娘（姪とも）を娶っていたが、のちに一鉄とトラブルを起こして出奔《しゅっぽん》している。光秀の家臣に迎えられた時期は不明だが、天正六年三月十日に行われた連歌会に、光秀やその嫡男・光慶らとともに参加しているため、それ以前と考えられる。光秀の娘婿・秀満とともに光秀の両腕と目され、翌七年に丹波が平定されると、黒井城を任された。

利三には兄頼辰がおり、室町幕府奉公衆・石谷光政《みつまさ》の養子となって家督を継いでいた。光政の娘が長宗我部元親の正室だった縁から、光秀は織田氏と長宗我部氏間の取次

興善寺◆黒井城のあった猪ノ口山を下りてすぐの場所にある。ここに利三の屋敷があったという　兵庫県丹波市

斎藤利三画像◆画賛では、利三は主君への忠誠心に富む猛将と讃えられている 『太平記英勇伝』 個人蔵

を務めた。平成二十六年（二〇一四）に発見された「石谷家文書」からは、両者の間を実質的に取り持っていたのは、利三と頼辰兄弟だったことも判明した。

一見すると、利三は光秀の重臣として織田政権の勢力拡大に貢献していたようにみえる。しかし、その一方で信長本人からは反感を買っていたようだ。それを示すエピソードが、『稲葉家譜』巻第四にある。

天正十年五月頃、稲葉一鉄の重臣那波《なわ》直治《なおはる》が、利三の引き抜き工作で光秀に仕えるようになった。これに一鉄が激怒し、信長に直治を返すよう訴え出た。信長は、光秀に直治の稲葉氏への帰参と利三の自害を命じた。信長の近臣猪子《いのこ》兵助《ひょうすけ》高就《たかなり》の取り成しにより、利三は助命されたが、このとき光秀は信長から頭を二・三度叩かれ、深く恨んだという。

従来、怨恨説の根拠とされている事例の一つで、似たようなエピソードがフロイスの『日

お福腰掛け石◆幼いお福が腰掛けたとされる石。幼少時代を過ごした黒井では、春日局ことお福は今なお根強い人気を誇っている 兵庫県丹波市・興善寺境内

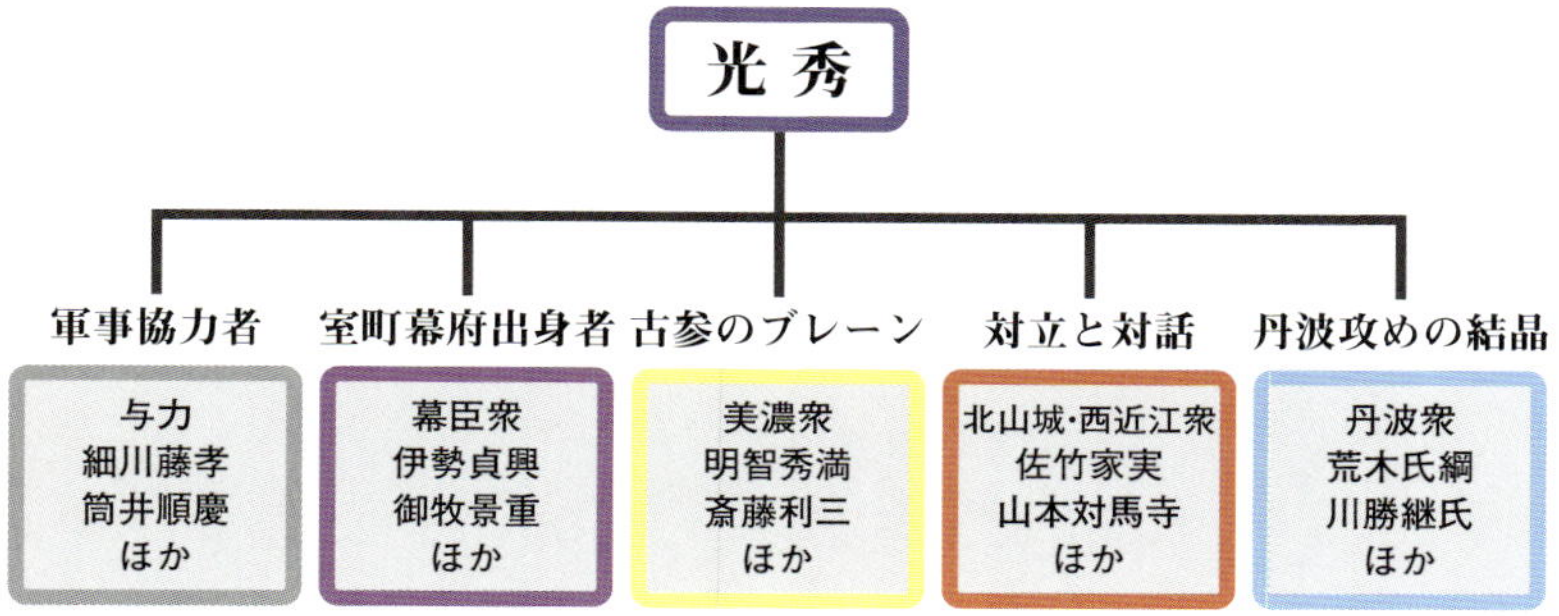

図 14　光秀家臣団の構成図（天正９年時点）

本史』にもみえるため、信長から光秀への暴力行為は実際にあったのだろう。光秀のみならず、自害を命じられた利三も、信長に強い敵対心を抱いたと考えられる。また、前述のように、信長が四国攻めを決定したことで、利三の縁戚にあたる長宗我部元親が存亡の危機にさらされたことが、光秀・利三の立場に影響し、早期の謀反を決断させたとする見解が近年、注目されている。

利三は、本能寺の変では前線で指揮し、山崎の戦いでも先鋒を務めたが、光秀軍が敗北すると、近江国堅田に潜伏した。しかし、すぐに捕らえられ、天正十年六月十七日、洛中を車で引きまわされたうえ、京都の六条河原で斬首された。遺骸は友人の絵師海北友松《かいほうゆうしょう》によって、真正極楽寺《しんしょうごくらくじ》（真如堂《しんにょどう》、京都市左京区）に葬られた。現在、同寺には利三と友松の墓が並んで建てられている。

ちなみに、利三の娘福《ふく》は、利三の死後、縁戚の稲葉正《まさ》成《なり》に嫁ぎ、四人の息子を産んだ。のちに正成と離縁し、慶長九年（一六〇四）に徳川家光《いえみつ》が生まれると、その乳母となった。彼女が有名な「春日局《かすがのつぼね》」である。

斎藤利三・海北友松の墓◆戦国きっての絵師として有名になった友松は、利三と親交を深めていたという　京都市左京区・真如堂境内

5 光秀を表舞台に押し出した細川藤孝

光秀ははじめ足利義昭に仕え、その身分は新参の「足軽衆」であった。そのような、まだ歴史上の表舞台に登場する以前の光秀と、その後、長く関係を持っていった人物が細川藤孝だった。藤孝は、室町幕府将軍直臣（奉公衆）・三淵《みつぶち》氏の出身で、第十二代将軍・義晴《よしはる》の近臣にあった細川晴広《はるひろ》の養子に入り、第十三代将軍の義輝と弟の義昭に近臣として仕えていた。『多聞院日記』に、光秀は藤孝の従者《じゅうしゃ》（「中間《ちゅうげん》」）であったという記述がある。どうやら新参者の光秀は、藤孝のもとで活動していたようだ。

その後、義昭の室町幕府再興に尽力する光秀と藤孝であったが、転機が訪れる。それは、室町幕府再興に協力の意志を示していた、織田信長との出会いである。藤孝は信長との交渉窓口（取次）を務め、光秀は藤孝のもとで信長との交渉実務を務めていたらしい。

光秀と藤孝の働きが功を奏し、永禄十一年（一五六八）十月に、信長の軍事協力を得た義昭が畿内の情勢を鎮め、念願の室町幕府再興を実現させる。このため、その後、光秀は信長との関係を深めて臣下となり活動し、また、藤孝も元亀四年（天正元、一五七三）二月に義昭が信長と敵対に至った際に織田方に与した。彼らが築き上げた信長との関係が、彼らの立場・活動に大きく影響していたからであった。

時を経て、義昭との関係を絶ち、信長の家臣となった藤孝は、それまで管轄していた山城勝竜寺城の城主という立場を認められ、桂川以西の西岡地域の支配を任される。これを

足利義輝画像◆室町幕府の第十三代将軍で、はじめは義藤と名乗っていた。藤孝の「藤」の字は、義藤から与えられたものである　京都市立芸術大学芸術資料館蔵

機に、藤孝はそれまでの室町幕府将軍足利氏との主従関係を脱したことを示すために、細川から長岡へ名字を改める。一方、信長のもとで畿内東方面の押さえを担う近江坂本城主になっていた光秀は、信長の信頼を深めていき、天正三年（一五七五）七月には惟任《これとう》名字と日向守の受領を与えられ、織田家の重鎮に列する。

　こうして、織田家の家臣として立場を歩み始めた光秀・藤孝の二人が新たに取り組んだのが、京都の北西に位置し、義昭との関係が強い丹波・丹後両国の平定であった。丹波・丹後両国の平定事業は、光秀を司令官に、藤孝らが光秀を支える政治的・軍事的配下の与《よ》力《りき》部将として加わり進められていった。天正七年十月の丹波平定後、丹波国は光秀に、丹後国は天正八年八月に藤孝へ与えられる。丹後入国に際して、藤孝は宮津に居城を設けることを信長から了承を得るとともに、光秀との相談のうえで支配を進めるように指示される。このとき、藤孝にとって、光秀は頼るべき「上司」になっていた。

　ところが、天正十年六月、「本能寺の変」が起こる。光秀は、藤孝には相談なく政変を実行してしまい、「ズレ」が生じた二人の関係は終わりを迎えたのである。

浮世絵に描かれた細川藤孝◆丹波平定中の天正６年８月には光秀の三女・玉子が藤孝の嫡男・忠興に嫁いだこともあり、縁戚としても光秀を支えた　個人蔵

山崎の戦いに際し、光秀への加担を拒む細川藤孝◆本能寺の変後、光秀は藤孝に弁解するなど関係維持に努めるが、両者の関係は戻ることはなかった　『絵本豊臣勲功記』　当社蔵

6 光秀滅亡!!その後の明智一族

山崎の戦いで敗北した光秀が、村人たちによる落ち武者狩りに遭って落命すると、堀秀政率いる秀吉方の軍勢が、光秀の居城である坂本城を包囲した。坂本城の落城時に光秀の娘婿・秀満が城内の光秀一族を全員刺殺したため、ほとんどの光秀一族がこのとき滅亡したと考えられる。

ところが、『続群書類従《ぞくぐんしょるいじゅう》』巻第百二十八に収録の『明智系図』には、通説とはまったく異なる光秀の子女がみえ、光秀に六男七女がいたことになっている。一部に実在する人物もいるが、ほとんどは良質な史料からは確認できない。

奥書《おくがき》によると、この系図は、寛永八年（一六三一）六月十三日、「父光秀」の五十回忌の追善供養のため、六十五歳の「妙心寺塔頭《みょうしんじたっちゅう》」が「喜多村弥平兵衛《きたむらやへいひょうえ》」に宛てて作成したものである。「妙心寺塔頭」は、系図中の記述から光秀の子玄琳《げんりん》とわかる。「喜多村弥平兵衛」は、系図中の「内治麻呂」にあたるとされ、光秀の死後、母方の喜多村氏に引き取られて、のちに江戸町年寄《まちどしより》を務めた喜多村保之《やすゆき》と同一人物だといわれている。なお、妙心寺では天正十五年（一五八七）、光秀の追善のために「明智風呂」が設けられたという。光秀の生きざまは、活躍の舞台のひとつ・京都で脈々と語り継がれていく。

さて、『明智系図』はあくまで伝承にすぎないが、江戸時代に藩主として明治維新まで存続した明智一族がいたといったら、読者の方々は驚かれるだろうか。

明智塚◆坂本城内とされる地に立つ、明智一族の供養塚。光秀の物語が西近江の人びとに語り継がれてきた様子を今に伝えている　大津市

その一族の祖は、土岐定政《ときさだまさ》（一五五一〜一五九七）という。父は明智定明《さだあき》、母は三河菅《すが》沼《ぬま》氏の出身である。先の『明智系図』によると、定明は、光秀の父光隆《みつたか》と従兄弟の関係にあたるため、定政と光秀はとこということになるが、定かではない。定明は美濃守護・土岐頼芸《よりなり》に仕えていたが、定政が幼少の頃に戦死したため、定政は母方の菅沼氏のもとで育てられた。

沼田城跡からの眺望◆土岐頼稔が入った沼田城は、戦国時代には真田昌幸・信之父子らが活躍した城郭でもあった　群馬県沼田市

成長した定政は、「菅沼藤蔵《とうぞう》」と名乗り、徳川家康の家臣となった。姉川の戦いをはじめ、数々の戦いで功績を挙げたため、天正十年（一五八二）に甲斐国切石《きりいし》（山梨県身延町）で所領を与えられ、「明智定政」と名を改めた。同十八年の家康の関東入国後は、下総国守谷《しもうさのくにもりや》（茨城県守谷市）で一万石を与えられている。

文禄二年（一五九三）には、土岐姓を名乗ることが許された。土岐氏の傍流である明智氏出身の定政が、本姓に復した瞬間である。そして、定政から四代後の頼稔《よりとし》が、寛保《かんぽう》二年（一七四二）に上野国沼田《ぬまた》（群馬県沼田市）三万五〇〇〇石の藩主となり、明治維新まで続いたのである。

義弟・明智孫十郎の墓◆本能寺の変で、二条御所の織田信忠を攻めた際に戦死したというが、具体的な人物像は不明である　岐阜県山県市

コラム

光秀を語る史料『惟任退治記』

現在に息づく光秀像を考えるうえで、光秀の死後に記された史書は大きなウエイトを占める。ここでは、逆臣・光秀像の確立に影響を与えた『惟任退治記《これとうたいじき》』をみていきたい。

『惟任退治記』は、文字通り光秀の討伐劇に焦点を当てたものだ。奥付（作成時期）は天正十年（一五八二）十月で、本能寺の変の約四ヶ月後となっている。作者は、秀吉の御伽衆《おとぎしゅう》の大村由己《おおむらゆうこ》である。由己は、脚色を散りばめながら光秀の最期を描き、秀吉のもとで『明智討』という演目の作成にもあたっている。秀吉側の視点に立つ歴史像の創出に、大きく関わった人物といえる。

由己は、話の序盤で甲斐侵攻と武田氏滅亡、中国攻めといった天正十年の織田軍の戦いの様子を整理し、その後、中国攻めに参加すべく京都に滞在した光秀を登場させる。五月二十八日の愛宕社での句「時ハ今、天下シル、五月哉」も載っている。信長は将軍・相公《しょうこう》（君主を補佐する最上位の官僚）と記され、信忠や家臣たちとともに勇壮な最期が描かれている。一方の光秀は、「数年来将軍に優遇されて栄華を極めたので、今後ますます繁栄するかと願うべきところ、意味不明にも相公を討ったからきっと天罰が下ったのだ」という。

後半には信長への追善記事が並ぶ。そして、光秀の盟友・細川藤孝についても記述があり、「数年来、将軍の恩義があったため、光秀に与せず秀吉についた」とする。天下人にあった信長は「将軍」と認識され、国内秩序の核を担う存在とみなされていた。そうなると、『惟任退治記』の光秀像は、主君を討つのみならず、理由なく政道を乱した人物ということになるだろうか。以後、光秀は秩序を乱した罰当たりとして、秀吉ら織田陣営から徹底的に亡き者にされていくのである。

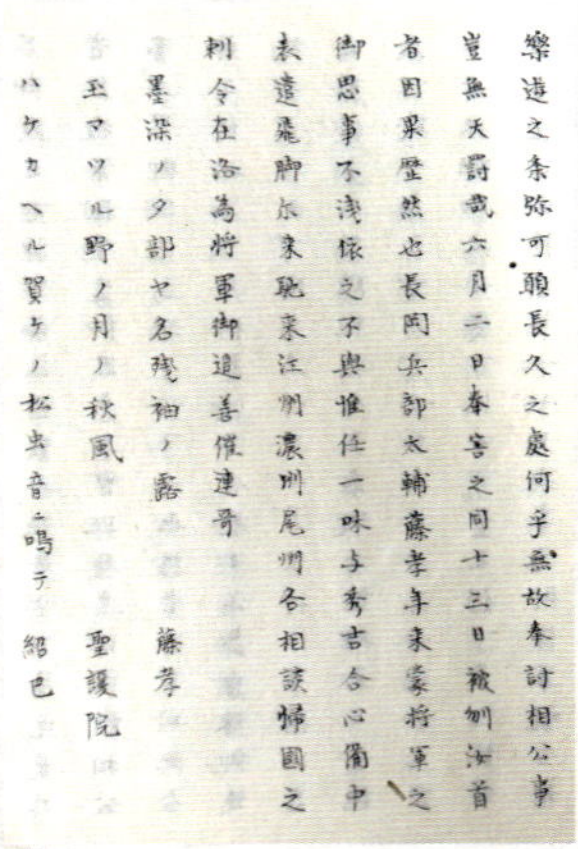
樂遊之条弥可願長久之處何乎無故奉討相公事
豈無天罰哉六月二日奉害之同十三日被刎首
者因果歴然也長岡兵部大輔藤孝年来蒙将軍之
御恩事不浅依之不與惟任一味与秀吉合心備中
表遣飛脚示来馳来江州濃州尾州各相談帰国之
刻令在洛為将軍御追善催連哥
墨染ノ夕部ヤ名残袖ノ露　藤孝
玉マツル野ノ月ノ秋風　聖護院
ハケカヘル賀モノ松虫音ニ鳴テ　紹巴

藤孝が光秀に与せず秀吉についたと記す◆『惟任退治記』　国立公文書館蔵

第五章　光秀の伝説と史跡をめぐる

光秀が討たれたといわれる明智藪◆京都市伏見区

1 築城技術からみた光秀の手腕

築城のことに造詣が深く、優れた建築手腕の持主で、選り抜かれた戦いに熟練の士を使いこなしていた。

これは、イエズス会宣教師のルイス・フロイスが、『日本史』の中で光秀を評した一節である。ここでは、光秀が築城した代表的な四つの城郭（坂本城・亀山城・福知山城・周山城）を取り上げ、人物像にせまっていきたい。

光秀の最初にして最大の居城は、琵琶湖の南西、現在の大津市下坂本に築城された坂本城である。『信長公記』によると、元亀二年（一五七一）九月十二日の比叡山焼き討ちで中心的な役割を果たした光秀に、信長はその日のうちに坂本を含む滋賀郡一郡を与えたという。同時に比叡山の旧領も与えられた光秀は、信長家臣団で最初の「城持ち」となった。

坂本城は、のちに築城される天下人織田家の政庁・安土城からもっとも近い距離にある城郭で、光秀がいかに信長から期待されていたかがわかる。正確な築城時期は不明だが、元亀三年中にはほぼ完成していたらしい。フロイスの『日本史』で、「信長が安土山に建てたものにつぎ、この明智の城ほど有名なものは天下にない」とまで評された大規模な城郭だった。『兼見卿記』の記述から、「天主」と「小天主」があったこともわかっており、「天主」の存在は信長の安土城に先駆けている。また、堀はすべて琵琶湖に通じており、船で城内に行き来することができた。山崎の敗戦後は光秀の娘婿・秀満が守っていたが、秀吉

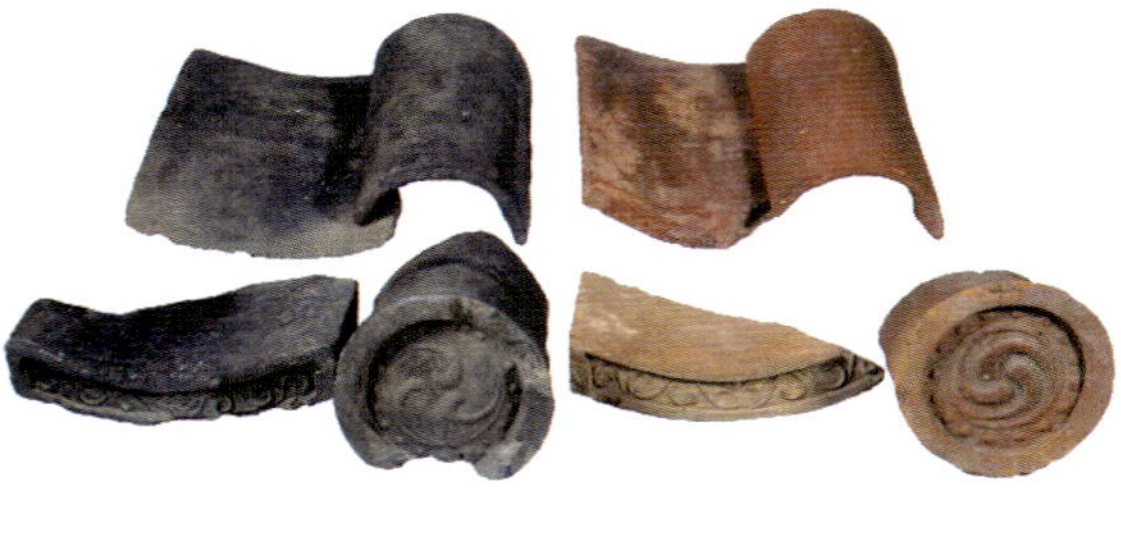

坂本城跡出土の軒丸瓦◆屋根の縁端部につけられる瓦。同時期に改修された細川藤孝の勝竜寺城の軒丸瓦と原型は同じである　大津市埋蔵文化財調査センター蔵

軍に包囲されて自害し、城も焼失してしまった。

丹波における光秀の居城だったのが、亀山城である。天正三年（一五七五）から丹波攻略を開始した光秀が、攻略の拠点として同六年頃に築城した。丹波の小畠永明らに宛てた光秀の書状では、総堀（惣堀）の普請を命じている。亀山城もまた、総堀を備えた大規模な城郭であった。光秀が一時的な軍事拠点としてではなく、その後の丹波支配の本拠地として活用することをみすえて築城したといわれている。

亀山城に次ぐ丹波第二の拠点が、福知山城である。もとは横山城といったが、天正七年に光秀が攻略し、地名を「福知山」と改めた。丹波平定後は、秀満が城代として入っている。

陣鐘◆もとは坂本城のもので、光秀が西教寺に寄進したという。陣鐘以外に城門も寄進したといわれ、両者の関係の深さを物語る　大津市・西教寺蔵

亀山城跡の復元された石垣◆宗教団体「大本」の聖地にもなっている亀山城跡一帯は、弾圧のあおりを受けて石垣などが破壊された　京都府亀岡市

福知山の領民は長年、由良川の氾濫に苦しめられており、光秀は治水工事や地子銭《じしせん》（都市に賦課された宅地税）を免除することで、領民の生活を安定させたという。これに感謝した福知山の人々は、江戸時代になってから、光秀を神として祀った。毎年十月上旬に行われる「御霊《ごりょう》まつり」は、元文二年（一七三七）から始まったという。

周山城も、光秀が新たに築いた城だ。天正七年九月、丹波国桑田郡の宇津氏を破ったのちに築かれ、山頂部の東西に二つの城郭が取り立てられた。とりわけ東側の城は、東西四二〇メートル・南北三〇〇メートルと当代有数の規模を誇り、本丸の四方をはじめ、至るところに石垣が設けられている。開口部にあたる虎口《こぐち》には方形の空間と門が重なり、攻め込んできた敵に損害を与えることができた。このような構造を、枡形《ますがた》虎口という。まさに攻めるに難く、守るに易い堅城である。光秀の死後は廃城となってしまったが、今なお当時の石垣が露出し、威容をしのばせる。

光秀が心血を注いだこれら四つの城は、豊かな地形・防御に関する光秀の知識がもたらしたといえる。

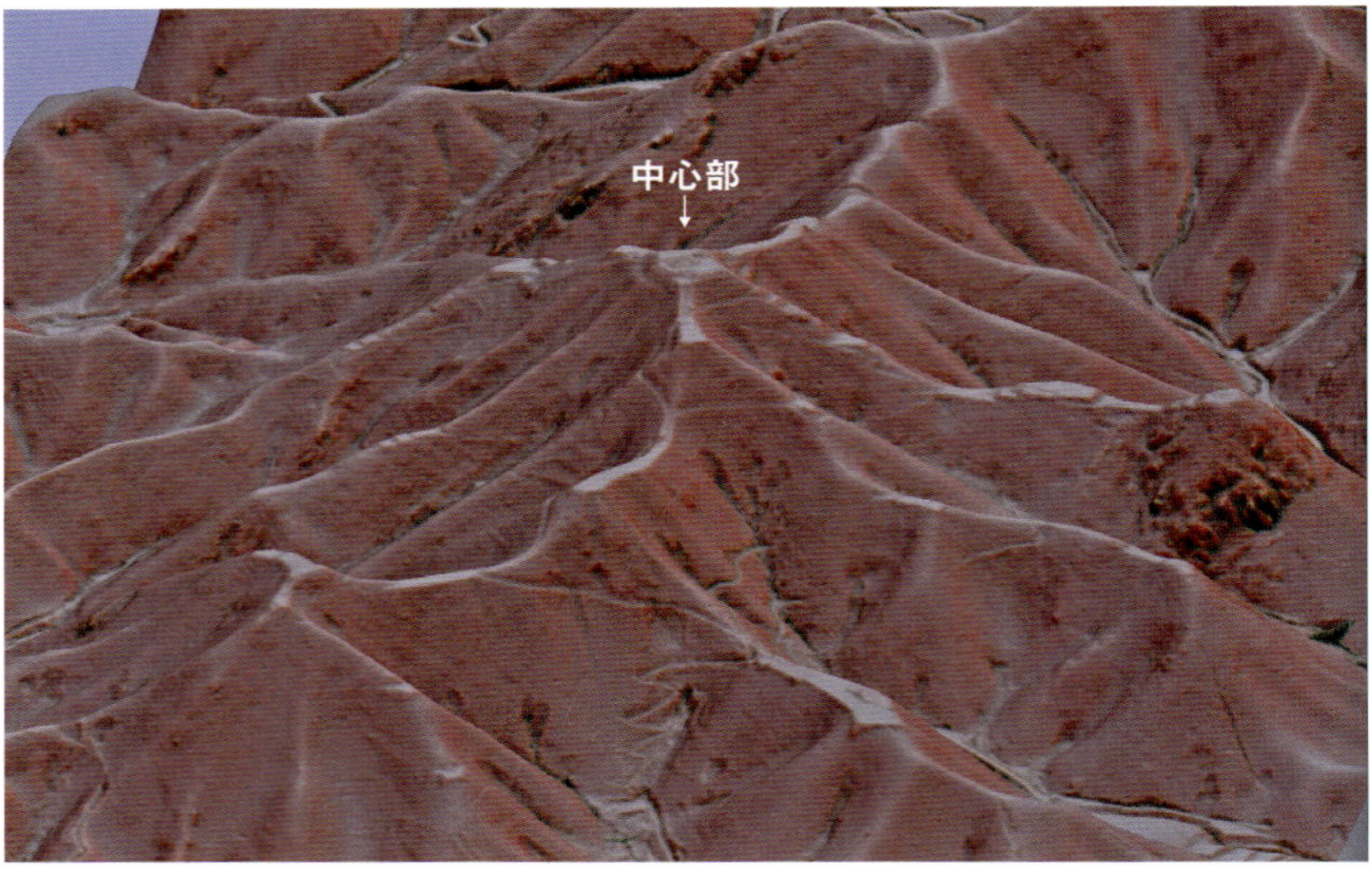

周山城東城の立体図◆山林のなかにあるため、おおまかな調査しかできていなかったが、平成29年（2017）にヘリコプターを使った「航空レーザー測量」と目視調査で、城の全体像が明らかになってきた。調査によって、光秀の築城に関する知識の豊富さが指摘された　画像提供：京都市文化市民局文化芸術都市推進室文化財保護課（一部加筆）

2 連歌でみせた光秀の妙技

戦国武将のたしなみといえば、茶の湯が有名であるが、連歌もまた必須の教養だった。連歌とは、五・七・五の上の句と七・七の下の句を二人以上の人間が交互に詠んでいき、参加者全員で一つの歌を創作していく文芸である。一つの場所に複数の人間が集まって連歌を詠む連歌会は、戦国時代における重要なコミュニティの一つであった。

光秀も、連歌の道によく通じていた。当代一の連歌師であった里村紹巴から直接指導を受けた光秀の実力は、相当なものであったという。足利氏や朝倉氏ら、当時の有力者とのつながりが深く、武家・公家ともに広い人脈を持っていたことも影響しているだろう。

光秀はそのような環境下で、徐々に連歌会のノウハウを身につけていったようだ。光秀が参加した最初の「百韻興行《ひゃくいんこうぎょう》」（参加者が交互に句を詠み、全百句でひとつの作品をつくる）の連歌会が開かれたのは、永禄十一年（一五六八）十一月のことである。参加者には紹巴のほか、当時は光秀よりも立場が上で文芸に優れた細川藤孝ら、豪華な面々が並ぶ。だが、紹巴や藤孝らが百句のうち十句前後を詠むなか、光秀が読んだのは約半分の六句だった。

永禄十三年（元亀元年）三月の興行でも、紹巴の十七句、藤孝の十四句に対して、光秀が詠んだのは八句にとどまる。それが、天正二年（一五七四）以降になると句数が二桁に乗るようになり、ついには自ら連歌会の主催者になるまでに成長するのである。

『絵本豊臣勲功記』にみる光秀の連歌◆愛宕山での連歌会。主催者の光秀は、右端の烏帽子をかぶった人物である　当社蔵

愛宕神社の参道◆愛宕山山頂へ向かう道。光秀が祈りを捧げた社殿は、階段を上った先にある　京都市右京区

光秀が主催・参加した連歌会は、五〇にも及ぶといわれている。なかでも「千句興行」への参加は、光秀の連歌の実力の高さをうかがわせる。千句興行は、百句を連ねた「百韻連歌」を一〇回行ったもので、歌を詠む即興性や歌そのものの質が問われる、まさに、熟練の詠み手のみが行える妙技だった。

光秀が参加した千句興行は、天正五年四月五日から七日の京都愛宕山での千句興行、同七年七月十八日の亀山城築城を祝う千句興行、同九年十一月九日の亀山城での千句興行の三つである。とくに、天正七年のものは、紹巴ら一流の連歌師を相手に、わずか一日で千句を詠みきっており、光秀の真骨頂が発揮されている。

ところで、光秀の連歌でもっとも有名なものといえば、本能寺の変の直前にあたる天正十年五月二十八日に、愛宕山の威徳院《いとくいん》西坊《にしのぼう》で行われた「愛宕百韻」だろう。『信長公記』によれば、五月二十六日に坂本城から亀山城へと移った光秀は、翌二十七日に愛宕山へ参《さん》籠《ろう》（寺社にこもって祈願すること）し、山頂の愛宕神社で、おみくじを二、三度引いたとある。このときの参籠は、本能寺の変を起こすことを決めた光秀が、クーデターの成功を祈るために参籠したと考える説と、信長から中国攻めの援軍を命じられた光秀が、あくまで戦勝

里村紹巴画像◆光秀の師匠であり、本能寺の変直前の連歌会、変後の京都での食事会で光秀と同席するなど、最晩年まで交流をもった友人でもあった　国立国会図書館蔵

祈願のために参籠したと考える説とが対立している。

これは、二十八日の連歌会での有名な光秀の発句「ときは今、あめが下しる、五月哉」の解釈と密接に関わる問題で、現在まで結論は出ていない。この発句を光秀のクーデター宣言と考えた場合、「とき」は「土岐」、「あめが下」は「天下」、「下しる」は「下知する」（「知る」は、統治するの意味）と解釈できる。つまり、土岐氏の流れである光秀が、信長に代わって天下に号令をかけるという決意表明を発句に込めたという意味になる。

しかし、最近になって、太田牛一自筆の『信長記』池田本では、もともとは「ときは今、あめが下しる、五月哉」と書かれていたものが、「しる」の部分が擦り消されて、「ときは今、あめが下なる、五月哉」に書き直されていたことがわかった。なぜ、牛一はこのような書き換えを行ったのか。

理由は定かでないが、もし、光秀の詠んだ発句が「ときは今、あめが下なる、五月哉」のほうが正しかったとしたら、それは、「時はまさに、（信長の）天下となりつつある、五月だなあ」のような意味となり、あくまで中国攻めの成功を願っての発句ということになる。光秀の天下取りへの野望を詠んだ発句というこれまでの解釈は、改めて考え直してみる必要があるだろう。

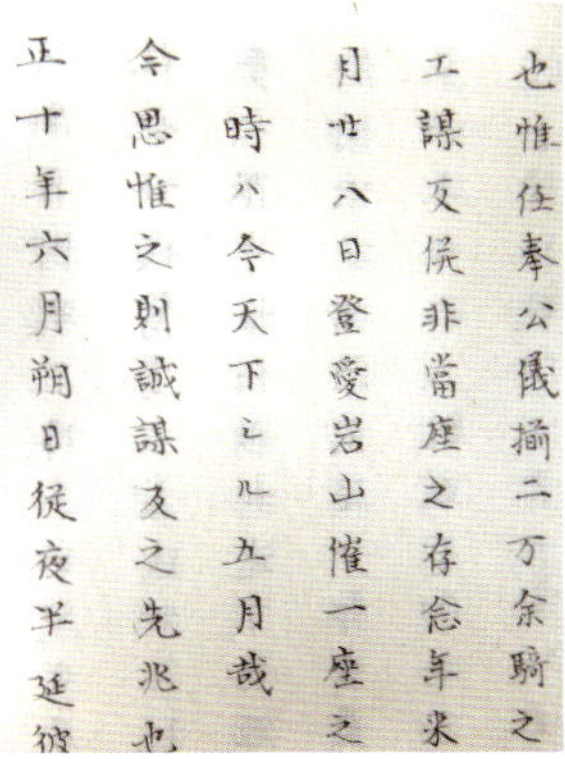
也惟任奉公儀揃二万余騎之
工謀叐非當座之存念年来
月廿八日登愛岩山催一座之
時ハ今天下シル五月哉
令思惟之則誠謀反之先兆也
正十年六月朔日促夜半延彼

『惟任退治記』に記された光秀の句◆ここでは、「時ハ今天下シル五月哉」と書かれている　国立公文書館蔵

峯の堂◆愛宕参籠からの帰路（天正十年五月二十七日）、ここで必勝祈願をした。しかし、光秀の真意は今もなお謎である　京都府亀岡市　画像提供：亀岡市文化資料館

3 各地に残る〝誕生〟と〝討ち死に〟の伝承

現在、京都市伏見区小栗栖《おぐりす》には、「明智藪《あけちやぶ》」の石碑が建っている。この地は光秀が死んだ場所として、つとに有名である。ところが、光秀が小栗栖で死んだとする史料は、光秀の没後四〇年以上経った、寛永二年（一六二五）に成立した小瀬甫庵《おぜほあん》の『太閤記』が最初で、信憑性が高いものではない。

同時代の史料のうち、『兼見卿記』や『言経卿記』では「醍醐」、『多聞院日記』では「山科《やましな》」と書かれていて、光秀が死んだ正確な場所は実はわかっていない。しかし、どの史料にも「一揆」によって殺されたとあり、光秀が村人たちによる落ち武者狩りで命を落としたことは間違いないだろう。

明智藪の近くには、光秀の「胴塚《どうづか》」（京都市山科区）がある。小栗栖で襲撃された光秀はここで自害し、胴体が埋められたという。『明智軍記』によると、光秀を介錯したのは溝《みぞ》尾庄兵衛《おしょうべえ》とされる。光秀の首は庄兵衛によって土の中に埋められたが、すぐに発見されて秀吉のもとに届けられた。その後、光秀の胴も掘り起こされ、首とともに洛中にさらされたという。その場所は、本能寺の焼け跡もしくは京都粟田口らしい。

光秀の首は、その後どうなったのか。光秀の「首塚《くびづか》」と伝わる場所が、京都府内に三ヵ所ある。ここでは、京都市東山区にある首塚（明智明神）を紹介しよう。光秀の自害後、首を持った家臣が知恩院《ちおんいん》へと向かったが、途中で夜が明けたため、やむなくこの地に埋葬

明智藪の石碑◆坂本への道中、村人たちによる落ち武者狩りで落命したとされる場所。現在、藪は石碑の西側にある本経寺の寺領となっている　京都市伏見区

したという。この首塚にはもう一つ伝承があり、もともと粟田口にあった首塚を、明和八年（一七七一）に光秀の子孫を称する明田理右衛門《あけたりえもん》なる人物が、自宅に移したものといわれている。明治になって現在の地に移されたという。

首塚のほか、墓も各地に存在する。坂本城の近くの西教寺には、光秀や妻の熙子らの墓がある。西教寺は、元亀二年（一五七一）の比叡山焼き討ちで焼失したのち、光秀が坂本城を築城して城主となると、その保護を受けて再興した寺である。このほか、光秀の生誕地と伝わる岐阜県山県市の「桔梗塚《ききょうづか》」や高野山奥之院《おくのいん》（和歌山県高野町）などにも墓がある。

また、京都府福知山市にある御霊神社では、宇賀御霊大神《うがのみたまおおかみ》とともに、光秀を祭神として祀る。かつては御神体《ごしんたい》として、光秀自筆の「和久左衛門太夫長利追及下知状《わくさえもんだゆうながとしついきゅうげちじょう》」が納められていたという。

このように、光秀の首塚や墓は、かつての管轄地域であった場所を中心に点在している。謀反人のイメージが強い光秀だが、地元の人々からは名君として、長く愛され続けているのである。

明智光秀の胴塚◆光秀の亡骸のうち胴体を埋めたとされる場所。石碑は昭和45年（1970）に立てられたもの　京都市山科区

明智光秀の首塚◆『兼見卿記』によれば、光秀の首は京都市中で晒されたらしいが、首塚は各地に点在する　京都市東山区

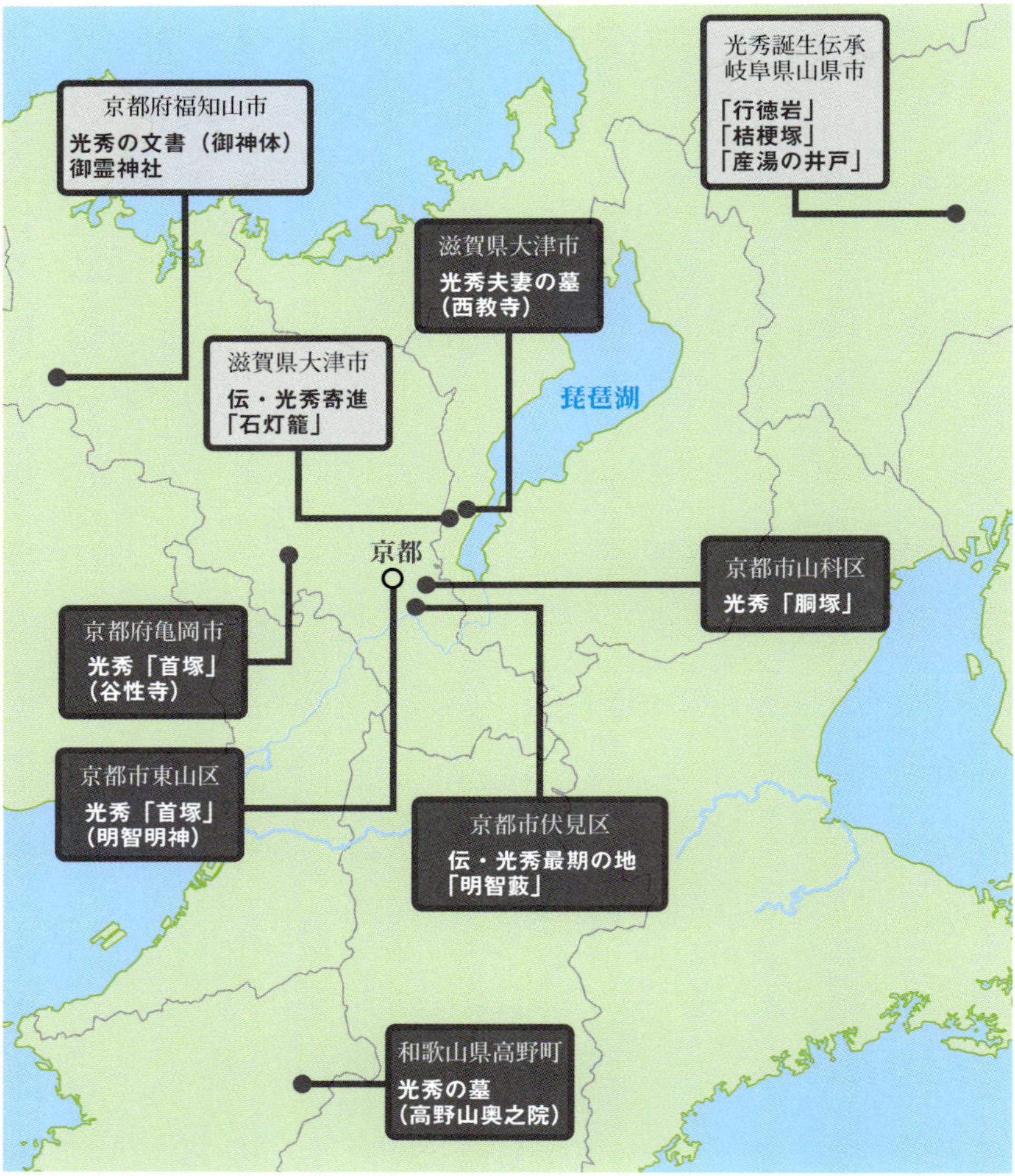

図 15　畿内周辺の光秀伝承地図

明智光秀の首塚◆毎年五月三日に開催される「亀岡光秀まつり」では、谷性寺内で追善供養が行われる　京都府亀岡市・谷性寺境内

4 謎が謎を呼ぶ光秀の生存説

天正十年（一五八二）六月十三日、山崎の戦いに敗れた光秀は、わずかな家臣を連れて居城の坂本城を目指した。しかし、その途中、京都小栗栖で村人たちによる落ち武者狩りに遭い、あえなくその命を落とした――。

以上が、現在語られている光秀の最期である。本能寺の変で織田信長を討ち滅ぼしてから、わずか十一日後のことであった。

ところが、このときに死んだのは、実は光秀の影武者《かげむしゃ》で、光秀自身はその後も生き延びていた、という伝承が岐阜県山県市に残っている。旧美山町中洞《なかほら》地区は、光秀の生誕地とされる場所の一つで、この地域を流れる武儀川《むぎがわ》沿いには、懐妊した光秀の母が岩の上で安産祈願をしたという「行徳岩《ぎょうとくいわ》」がある。近くには光秀の墓と伝わるものがあり、地元では「桔梗塚」と呼ばれて、毎年、供養祭が行われている。

伝承によると、山崎の敗戦後、光秀は勝竜寺城で自害しようとしたが、家臣の荒木山《やま》城守《しろのかみ》に引き止められ、末子乙寿丸《おとじゅまる》とともに、生まれ故郷である中洞地区へと戻ってきたという。小栗栖で討たれたのは、光秀の甲冑を身につけた荒木山城守であり、彼の忠義に深く感じ入った光秀は名を「荒深《あらふか》小《こ》五郎《ごろう》」と改め、長い隠遁《いんとん》生活を送った。時は流れ、関ヶ原の戦いが勃発すると、光秀は徳川家康に味方するため東軍に参陣したが、途中で増水した藪川《やぶがわ》（根《ね》尾川《おがわ》）に押し流されて溺死したと伝わっている。

桔梗塚と呼ばれる明智光秀の墓◆中洞地区には生存伝承のほかに、光秀の母が白山神社で我が子の出世を祈願したという逸話もある　岐阜県山県市

天海（慈眼大師）画像◆天台宗の僧侶で、家康のブレーンのひとり。光秀・信長の近江攻めで被災した比叡山延暦寺の復興にも関わった　東京大学史料編纂所蔵模写

この伝承が、どこまで事実を反映しているのかはわからない。だが、光秀の影武者となった荒木山城守は実在の人物で、もと波多野氏の重臣である荒木氏清《うじきよ》（伝承では「行信《ゆきのぶ》」）である。また、光秀が名乗った荒深姓は、現在の中洞地区でも多い姓であり、彼らは光秀の子孫といわれている。

しかし、ここで注目したいのは、光秀が関ヶ原の戦いで家康に味方しようとしたことだ。光秀と家康、この二人の関係はもう一つの有名な光秀生存説、「光秀＝南光坊天海《なんこうぼうてんかい》」説でも重要なポイントになってくる。

天海は、天文五年（一五三六）に陸奥国で生まれたという。当時、会津地方に根を張った蘆名《あしな》氏一族の出身で、十歳で出家し、比叡山をはじめとする諸国の天台《てんだい》寺院で学んだとされる。天正十八年、武蔵喜多院《きたいん》（埼玉県川越市）の住職となり、その後は比叡山の復興に関与しつつ、徳川家康のブレーンとして絶大な信頼を得る。徳川氏の膝元となった関東の天台寺院の発展に寄与し、寛永二十年（一六四三）に百歳を越える長寿で亡くなった。

天海僧正毛髪塔◆寛永二十年（一六四三）に、百歳を越える長寿で亡くなったとされる天海も、光秀と同じく前半生が明らかでない　東京都台東区・上野公園内

光秀との共通点は、詳細不明な前半生、比叡山とのかかわりといったところだろうか。

光秀がのちに南光坊天海となって、徳川家康の側近として活躍したという伝承は、学術的には荒唐無稽だと一蹴される一方で、伝承そのものは現在まで広く一般に語られてきている。そもそも、この伝承はいつから語られ始めたのか。

確かなことはいえないが、明治から大正にかけて活躍した作家である須藤光暉《すどうみつてる》（南翠《なんすい》）の著作『大僧正天海』（富山房、一九一六年）には、最近一部の考証家が、天海は明智光秀の後身で、山崎の戦いで敗れた光秀が身分を隠し、僧となって徳川家康に仕え、豊臣家を滅ぼすことで怨みを晴らそうとしたという奇説を出しているといったことを書いている。少なくとも、大正以前にさかのぼるようだ。

天海＝光秀の根拠とされるものの一つに、比叡山延暦寺の石灯籠《いしどうろう》がある。光秀が焼き討ちに関与した地だが、ここには「慶長二十年二月十七日　奉寄進　願主光秀」と刻まれており、光秀が寄進したといわれる。また、日光にある「明智平《あけちだいら》」の地名は天海が命名したなど、さまざまな伝承がある。しかし、いずれも状況証拠にすぎず、確たる根拠はない。

では、なぜ光秀と天海が結びつけられたのか。これについては、江戸幕府の基本姿勢が「親徳川・反豊臣」であったことが関係しているようだ。光秀の重臣斎藤利三の娘が徳川家光の乳母春日局であるなど、光秀にとって徳川は味方であり、豊臣は敵であった。光秀生存説は「親徳川・反豊臣」という時代認識の中で生まれたものと考えられ、伝承の発端は江戸時代までさかのぼることができそうである。

明智平◆徳川家康の霊廟東照宮から、西へ十キロメートルほど離れたところにある　栃木県日光市　画像提供：日光市観光協会

5 光秀はどう語られてきたのか

謀反人、三日天下、陰湿、保守的、キンカン頭。多くの方は、光秀に対してこのような印象を持っているのではないか。織田信長という圧倒的なカリスマ性を持った「天下人」を、重臣でありながら、一瞬のうちに葬ってしまったことが、光秀の負の遺産となっている。

それは、当時の人々も同じ思いだった。公家の山科言経は、本能寺の変当日の日記に「言語道断の体《てい》たらくなり」と書き、光秀を批判している。吉田兼見は光秀と非常に親密な関係にあったにも関わらず、山崎の戦いで敗れた光秀を「天罰眼前《てんばつがんぜん》」であると日記に書き残している。光秀の謀反が支持を得られなかったことは、親戚である細川幽斎（藤孝）・忠興父子や筒井順慶が味方につかなかったことにも表れていよう。

本能寺の変の四か月後に、羽柴秀吉が御伽衆の大村由己に『惟任退治記』を書かせたことで、光秀の「悪」のイメージは決定的となる。同書は、秀吉が信長死後の織田家内での立場を正当化するために書かせたものなので、そもそもの原因を作った光秀は完全な悪役として描かれたのだ。

さらに江戸時代になると、光秀の謀反は「下剋上」の典型として扱われ、武士道精神から外れた行為とみなされた。また、本能寺の変が人形浄瑠璃《にんぎょうじょうるり》などの演劇の題材に使われたことで、広く庶民にまで光秀の「悪」のイメージが定着してしまった。

実際のところ、光秀とはどのような人物だったのか。改めて、フロイスの『日本史』の

『新撰太閤記』に描かれた信長が光秀を叱責する図◆信長は敵をかくまっている寺を焼き払おうとしたところ、光秀が諫めたため、扇子で打ちたたいたという　個人蔵

記事をみてみよう。

その才略、深慮、狡猾さにより、信長の寵愛を受けることとなり、（中略）自らが受けている寵愛を保持し増大するための不思議な器用さを身に備えていた。彼は裏切りや密会を好み、刑を科するに残酷で、独裁的でもあったが、己れを偽装するのに抜け目がなく、戦争においては謀略を得意とし、忍耐力に富み、計略と策謀の達人であった。

ただ、同記事が光秀死後に執筆されたものであることを考慮すると、ここでの光秀評が、どこまで真実に迫ったものなのかはわからない。

光秀の「悪」のイメージが広まる一方で、江戸時代には光秀を評価しようとする動きもみられる。「光秀＝南光坊天海」説が生まれたのは、江戸時代だったと考えられるし、なにより、明智氏の末裔とされる人々が現れ始めたのだ。かの有名な坂本《さかもと》龍《りょう》馬《ま》もその一人といわれている。伝承によると、坂本家は光秀の娘婿・秀満の子である太郎五郎の流れで、家紋には「桔梗紋」が入り、「坂本」姓は坂本城に由来するという。

そして、江戸時代には、光秀とその家臣の登場シーンが、芸能・絵画で数多く取り上げられた。とりわけ、明智秀満や斎藤利三は、明智きっての勇将として名を馳せていく。光秀もまた、謀反人として「悪」のイメージを持たれつつも、信長のもとで活躍する「切れ者」というイメージが形成されていった。

『絵本太閤記』に記された、毛利元就とのやり取り（元就から才幹を認められつつも、性格を危険視されて仕官が叶わなかったという逸話）をみても、フロイスが言う「才略」の人

「明智光秀小栗栖之図」◆藪の中で落ち武者狩りに遭遇し、竹槍で刺される光秀を描く　『國史画帖大和櫻』当社蔵

明智光秀木像◆桔梗紋の着物を身にまとった姿の木像。光秀の徳を慕う村人が密かに祀ったが、逆臣という汚名を着せられていたため、墨塗りにされた。現在は、周山城跡近くの慈眼寺に安置されている　京都市右京区

としての評価も、やはり継承されたとみるべきである。光秀が、謀反人というベールをまといつつも、歴史を彩り、人々の興味関心をひく人物として扱われてきたことは間違いないだろう。

光秀は、丹波国の人々から、善政を敷いた名君として非常に慕われており、それは現在にもつながっている。

けっして秀吉や柴田勝家に劣った存在などではなく、信長からもっとも信頼された重臣の一人であった。だが、光秀は主君の信長を討つ本能寺の変を起こしてしまったがゆえに、どうしても後世まで「悪」のイメージがぬぐいきれずにいるのである。

時代とともにうつりかわっていく光秀像を、これからも追い求めていくことが、〝等身大の明智光秀〟を明らかにする最良の方法だと考える。

「真柴久吉武智主従之首実検之図」◆光秀の首を確認する秀吉の側に、福島正則・石田三成・蜂須賀正勝ら秀吉家臣が控えている　個人蔵

明智光秀関連年表

西暦	年号	年齢	事項※年齢は『明智軍記』による。
一五二八	大永八／享禄元	一	この頃、光秀が生まれる（『明智軍記』）。
一五五六	弘治二	二十九	美濃で斎藤道三・義龍父子が戦い、道三が敗れる。光秀、美濃から逃れて牢人となる。
一五六八	永禄十一	四十一	この頃までに、越前一乗谷に滞在中の足利義昭・細川藤孝と出会い、足軽衆として活動を開始する。 八月十四日、藤孝と織田信長の間を取り持つ。 九月、この頃、信長・義昭とともに上洛か。 十一月十五日、藤孝・里村紹巴らとの連歌会にはじめて出席する。
一五六九	永禄十二	四十二	正月、義昭が京都本圀寺で三好三人衆に襲撃される。光秀、藤孝とともに防戦にあたる。 二月、信長が義昭の居所・室町邸の建設を開始する。 二十九日、村井貞勝・朝山日乗とともに、義昭の居所周辺での寄宿を禁止する。 四月以降、信長家臣とともに京都行政に参画する。 四月十六日、信長の意を受けて、木下秀吉・丹羽長秀・中川重政とともに、若狭武田氏内部の混乱に対応する。 この年、山城国愛宕郡の阿弥陀寺の建立に参与する。
一五七〇	永禄十三／元亀元	四十三	四月十日、東寺八幡宮領下久世庄の管理をめぐって東寺とトラブルを起こす。 四月二十日、若狭攻めの先導隊として同国熊川に着陣する。 二十八日、金ヶ崎の戦いで信長が危機に陥る。一説には、光秀が羽柴秀吉らとともに退却時の殿を務め、敵の追撃を防いだという。 五月、丹羽長秀とともに若狭に軍勢を進める。 九月十九日、近江の信長軍が朝倉・浅井勢に敗れる（志賀の陣）。 光秀、山城国の勝軍山城に入る。同月、二条を警備し、浅井軍の動向の警戒にあたる。 十一月十三日、京都の吉田兼見の邸宅を訪れ、石風呂に入る。 十二月、近江宇佐山城主になる。
一五七一	元亀二	四十四	八月二日、この頃までに、信長が近江出陣を計画する。光秀も近江での戦いに参加する。 九月二日、比叡山東方の仰木村の「なで切り」を計画する。 十二日、比叡山焼き討ちが敢行される。 九月、信長の朝廷復興策に参与する。 この年、近江志賀郡・京都の比叡山領の管理を任され、坂本を拠点とする。

（一五七一）	（元亀二）	（四十四）	比叡山領の獲得方法をめぐって将軍義昭と対立し、暇乞いを申し出る。 坂本城築城計画を練る。
一五七二	元亀三	四十五	三月、近江木戸城・田中城攻めを行う。 四月四日、柴田勝家・佐久間信盛・滝川一益とともに、河内国交野郡の片岡氏との連携を図る。 七月以降、琵琶湖沿岸部の領主とともに、海路で信長の近江攻めに参加する。 九月、琵琶湖西岸一帯が混乱し、光秀は対応に追われる（翌年三月まで）。 比叡山領の高野蓮養坊の支配をめぐって、トラブルを起こす。 この年、坂本城がほぼ完成する。
一五七三	元亀四／天正元	四十六	二～三月、信長と敵対した将軍義昭に呼応し、北山城・西近江の領主が光秀と敵対する。 琵琶湖沿岸の今堅田城・木戸城・田中城近辺で敵対勢力と激闘し、多くの死者を出しながら勝利する。 五月二十四日、志賀郡西教寺において、今堅田城の戦い（二月二十九日・三月一日）での戦死者の供養を行う。 七月、義昭が籠もった槇島城攻めに参加する。光秀、以後十月頃まで義昭方勢力との戦いに従事する。 八月、浅井長政・朝倉義景が相次いで滅亡する。 光秀、八～九月にかけて朝倉氏滅亡後の越前施政に参画する。 十一月二十六日、坂本に帰還する。 十二月、この頃までに村井貞勝とともに京都代官となる。
一五七四	天正二	四十七	正月、大和多聞城の城代（責任者）となるが、翌月に細川藤孝と交代する。 七月～九月、信長による伊勢長島攻めが行われ、光秀側から佐竹宗実が派遣される。 光秀、細川藤孝らとともに河内方面に転戦する。 七月二十七日、信長に摂津方面の戦況報告書を送り、内容を絶賛される。 十月二十日、佐久間信盛らとの連名で、紀伊根来寺に河内国高屋での戦いの協力を要請する。 十月末、佐久間信盛らとの連名で、河内高屋周辺の寺社の保護を行う。 十一月十六日、坂本に帰還する。
一五七五	天正三	四十八	六月、丹波攻めの任にあたることが決定し、丹波国の小畠永明・川勝継氏との連携を図る。 七月、惟任姓と日向守の官途を授けられる。 この月を最後に京都代官としての活動が見られなくなる。 二十四日、丹波桐野河内に出陣するため、小畠永明に人員・道具の供出を要請する。 八月、越前一向一揆攻めに参加する。 二十一日、越前坂井郡豊原城で、加賀侵攻の機会をうかがう。 これ以前に、小畠永明が丹波で負傷する。 九月十六日、小畠永明に、二十一日に丹波出兵予定の旨を報告するとともに、傷の具合を気遣う。 二十一日、山城愛宕山で戦勝祈願（「丹後国出陣」）を行う旨を同所威徳院に伝える（二十五日以降に延期）。 二十三日、越前から近江大津に帰還する。 十一月二十一日、近江滋賀郡・高島郡の対立に対応すべく両郡の郡境を定める。

（一五七五）	（天正三）	（四十八）	十一月、丹波国の荻野直正が、織田方・但馬竹田城を攻める。 光秀、山名氏の要請をうけて直正勢を追い払い、丹波黒井城を包囲する。 十二月二日、丹波国内に徳政令を発令する。 この頃から細川藤孝が光秀の与力として活動するようになる。
一五七六	天正四	四十九	正月十五日、丹波八上城主の波多野秀治が反信長方となる。丹波攻めから撤退する。 二月、丹波国内の味方に黒井城攻め協力の礼状を送る。 丹波への再出馬を試みる。 四月、大阪本願寺勢との戦いのため摂津・河内方面へ出陣し、天王寺砦を守備する。 五月三日、織田方が本願寺勢に大敗し、光秀が天王寺砦に孤立する。 四日後、窮地を脱する。 二十三日、病に倒れ、京都に戻る。 五月、この頃、大和国の筒井順慶が光秀の与力になる。 十一月七日、光秀の妻・熙子が病死する。 この年から丹波亀山城の築城工事が始まる。
一五七七	天正五	五十	二月、紀伊雑賀攻めに加わり、翌月に雑賀方の首脳が降伏する。 八月、信長方から離反した松永久秀・久通を攻撃するため大和国に赴く。 十月一日、細川藤孝・筒井順慶らとともに、松永方の拠点・大和片岡城を攻略する。 二十日、この頃、丹波攻めのため大和国を離れる。 十一月十七日、この頃までに丹波籾井城などを落とし、細工所城（荒木城）や八上城方面に攻め寄せる。
一五七八	天正六	五十一	四月四日、織田信忠に従って大坂に赴き、麦を刈り取って本願寺方に損害を与える。 十日、丹波に再出陣し、細工所城（荒木城）の荒木氏綱を降伏させる。 五月、羽柴秀吉の援軍として播磨に赴く。 六月、敵方の播磨神吉城・志方城を攻める。 八月、この頃、娘の玉が細川忠興（藤孝の子）に嫁ぐ。 九月中旬、丹波攻めの再開を企画する。 十月、荒木村重・村次（光秀の女婿）父子が摂津国内で謀反を起こし、信長と敵対する。 十日、摂津茨木城の攻めに加わる。 十二月、播磨方面へ移動し、荒木勢と有馬郡三田で戦う。 十二月二十日、丹波国へ進み、波多野秀治の八上城を包囲する。
一五七九	天正七	五十二	正月、小畠永明が波多野勢と戦って戦死する。 二月二十八日、丹波亀山へ出陣する。 二月、光秀勢、八上城周辺に攻撃施設を設けつつ、通路を遮断する。 四月、この頃までに八上城包囲戦が進み、城内に多数の餓死者が出る。 六月、光秀勢、八上城の波多野秀治らの身柄を拘束し、安土へ移す（秀治らは安土で刑死する）。

（一五七九）	（天正七）	（五十二）	七月、丹波宇津城主・宇津頼重を没落させる。 八月、丹波黒井城を陥落させる。高見城にも攻め寄せ、山城愛宕山威徳院に柏原の地を寄進することを約束する。 横山城を陥落させ、その後、福知山城として改築する。 二十四日、戦乱で四散した氷上郡住人の帰還を促す。以後も丹波国内の戦後処理に奔走する。 九月、丹波国領城を陥落させる。 十月二十四日、安土に赴き、信長に丹波・丹後平定を報告する。 十一月、荒木村重の拠点・摂津有岡城の包囲戦に加わる。 有岡城内の荒木方と赦免交渉を行うも成立せず、城内の村重妻子らが殺害される。 この年、細川藤孝らが丹波の反信長方・一色義道を滅ぼし、その子満信が光秀の与力となる。
一五八〇	天正八	五十三	二月～九月、丹波国内の支配を進める。 七月、丹波宮田市場の市日などを定める。 八月、信長、細川藤孝に丹後国、筒井順慶に大和国を与える（光秀与力の勢力範囲が拡大する）。 九月～十月、滝川一益とともに大和国の整備に携わり、織田氏の支配を固める。
一五八一	天正九	五十四	正月十五日、安土での年中行事「爆竹」の開催責任者の任務をこなす。 正月下旬、京都馬揃えの責任者となり、公家にイベント参加を促す通知を発する。 二月二十八日、京都馬揃えに、大和・山城衆を率いて三番衆として参加する。 四月十二日、細川藤孝・忠興に招かれ、里村紹巴とともに宮津へ赴いて茶会や遊覧をする。 十八日、亀山城工事に従事する百姓の飯米支給などを定める。 六月二日、家中軍法を定める。 六月二十日、これ以前に丹波国内に城郭取り壊し命令を出す。取り壊しに従わなかった和久氏を追討する。 十二月四日、家中法度を定める。
一五八二	天正十	五十五	正月、年頭の礼のため安土で信長と面会する。 十一日、斎藤利三・石谷頼辰を通じ、悪化していた織田・長宗我部氏の関係をとりもつ。 三月五日、大軍を率いて信長の甲斐武田勝頼攻めに参加する。 五月十五日～十七日、安土滞在中の徳川家康の饗應役を任される。 十七日、坂本へ引き返し、西国攻めの準備をする。 二十六日、坂本から亀山城へ入る。 二十七日、愛宕山に参詣し、三度くじを引く。 二十八日、愛宕山威徳院で連歌会を興行し、「愛宕百韻」を神前に捧げる。亀山城へ戻る。 六月一日、重臣たちと談合し、信長への謀反を決意する。 亀山城から西に進み、三草山方面へ向かうも引き返して、摂津方面・京都方面の分岐点「老の山」へ登る。 二日、京都方面行きを選択し、明け方に桂川を渡る。午前中、光秀勢が信長・信忠の居所を相次いで襲撃し、敗死させる（本能寺の変）。午後、近江へ移動するも、近江北進ルート上の瀬田橋が焼かれ、その修理に追われる。 光秀は坂本に引き揚げる。

（一五八二）

（天正十）

（五十五）

この頃、細川藤孝や筒井順慶らとの連携を図る。

三日、大山崎に禁制を発する。以後、九日頃まで京都近辺各所に禁制を出し、京都の地盤強化を図る。

四日、光秀勢が佐和山城・長浜城を攻略する。

五日、瀬田橋が修築される。安土に入城する。

女婿の織田信澄が、大坂にいた信長の子・信孝に謀殺される。

七日、安土で誠仁親王の使者としてやって来た兼見と接触する。

八日、摂津攻めのため安土を出発する。

九日、京都の吉田兼見邸に入る。朝廷や寺社に銀を献上する。

兼見や里村紹巴と会食したのち、下鳥羽へ出陣する。

十日、この頃、細川藤孝・筒井順慶が明智方につかない姿勢を明らかにする。

十一日、淀城を修築し、敵方の動きに備える。

羽柴秀吉、摂津尼崎に着陣し、信孝や池田恒興と連携する。

十二日、山城国山崎表に足軽を遣わして勝竜寺西方を放火する。

十三日、秀吉らの軍勢と山崎で激突し、敗北する（山崎の戦い）。

勝竜寺城へ退却するも包囲され、坂本を目指して逃走する。

その後、途中の醍醐・山科周辺で落ち武者狩りに遭い落命。享年五十五。

十四日、坂本城が落城する。

十六日、光秀の首級が本能寺に晒される。

二十七日、清須会議が開かれ、光秀の領国が分配される（山城・丹波：羽柴秀吉、近江志賀郡・高島郡：丹羽長秀）。

十月、秀吉をメインに本能寺の変と山崎の戦いを取り上げた大村由己『惟任退治記』が成立する。以後、本能寺の変の経緯を記した書物が多く生み出される。

主要参考文献一覧

浅利尚民・内池英樹編『石谷家文書 将軍側近のみた戦国乱世』（吉川弘文館、二〇一五年）
天野忠幸『三好一族と織田信長「天下」をめぐる覇権戦争』（戎光祥出版、二〇一六年）
天野忠幸『荒木村重』（戎光祥出版、二〇一七年）
池上裕子『織田信長』（吉川弘文館、二〇一二年）
稲葉継陽「細川家伝来の織田信長発給文書 細川藤孝と明智光秀」（泉正人・稲葉継陽編『細川家の歴史資料と書籍 永青文庫資料論』吉川弘文館、二〇一三年）
奥野高広・岩沢愿彦校注『信長公記』（角川書店、一九六九年）
小和田哲男『明智光秀 つくられた謀反人』（PHP研究所、一九九八年）
小和田哲男監修『明智光秀の生涯と丹波 福知山』（福知山市役所、二〇一七年）
金子拓『織田信長 不器用すぎた天下人』（河出書房新社、二〇一七年）
金松誠『松永久秀』（戎光祥出版、二〇一七年）
神田千里『織田信長』（筑摩書房、二〇一四年）
久野雅司『足利義昭と織田信長 傀儡政権の虚像』（戎光祥出版、二〇一七年）
黒嶋敏「足利義昭の政権構想『光源院殿御代当参衆并足軽以下衆覚』を読む」（同『中世の権力と列島』高志書院、二〇一二年、初出二〇〇四年）
桑田忠親『明智光秀』（新人物往来社、一九七三年）
柴裕之「明智光秀はなぜ本能寺の変を起こしたのか」（日本史史料研究会編『信長研究の最前線 ここまでわかった「革新者」の実像』洋泉社、二〇一四年）
柴裕之『清須会議 秀吉天下取りへの調略戦』（戎光祥出版、二〇一八年）
すずき孔著・柴裕之監修『マンガで読む 新研究 織田信長』（戎光祥出版、二〇一八年）

鈴木将典「明智光秀の領国支配」（戦国史研究会編『織田権力の領域支配』岩田書院、二〇一一年）
高橋成計『織豊系陣城事典』（戎光祥出版、二〇一八年）
高柳光寿『明智光秀』（吉川弘文館、一九五八年）
谷口克広『信長の親衛隊 戦国覇者の多彩な人材』（中央公論新社、一九九八年）
谷口克広『織田信長家臣団人名辞典（第二版）』（吉川弘文館、二〇一〇年）
谷口克広『信長軍の司令官 部将たちの出世競争』（中央公論新社、二〇一五年）
谷口研語『明智光秀 浪人出身の外様大名の実像』（洋泉社、二〇一四年）
鳥取県立公文書館県史編さん室編『織田vs毛利 鳥取をめぐる攻防』（鳥取県、二〇〇七年）
仁木　宏「明智光秀の丹波統一」（『新修亀岡市史』本文編2　第三章第一節、二〇〇四年）
日本史史料研究会監修・渡邊大門編『信長軍の合戦史』（吉川弘文館、二〇一六年）
福島克彦『畿内・近国の戦国合戦』（吉川弘文館、二〇〇九年）
藤井譲治「坂本城の経営」（『新修大津市史』近世前期　第一章第四節、一九八〇年）
藤井譲治編『織豊期主要人物居所集成（第二版）』（思文閣出版、二〇一七年）
藤田達生『謎とき本能寺の変』（講談社、二〇〇三年）
藤田達生・福島克彦編『明智光秀 史料で読む戦国史』（八木書店、二〇一五年）
二木謙一編『明智光秀のすべて』（新人物往来社、一九九四年）
八上城研究会編『戦国織豊期城郭論 丹波国八上城遺跡群に関する総合研究』（和泉書院、二〇〇〇年）
山本浩樹『西国の戦国合戦』（吉川弘文館、二〇〇七年）
洋泉社編集部編『本能寺の変と明智光秀』（洋泉社、二〇一六年）
『歴史読本』編集部編『ここまでわかった！明智光秀の謎』（KADOKAWA、二〇一四年）

あとがき

本書では、「真実」の明智光秀像を探るべく、光秀自身のみならず、一族や家臣、伝承も含めて可能な限り追求した。

まずは、光秀という人物を広く知ってもらうという目的のため、内容も社会が変動する戦国時代という時代のなかで、織田信長という存在に出会い、光秀が何をなそうとしたのか。また、いまに至る光秀像は、どのようにして伝わってきたのか。新たな独自の説を提示するのではなく、残されている史料やこれまでに明らかになっている歴史的事実を忠実に記していくことに努めた。

したがって、本書で提示した光秀像は、現時点の「実像」である。だが、光秀のイメージには、どうしても主君の信長を討ったという「本能寺の変」が大きく影響している。このため謀反人、さらには「革命児」信長についていくことのできなかった「常識人」というものが、いまも根強い。これらのイメージは、その後の時代や社会状況のなかで創られ広められていったもので、「真実」の光秀像を闇の中に置き去りにしてしまっている。

これまでも光秀については、多くの著書が刊行されている。そうしたなかで、本書は、改めて謀反人や「常識人」という、これまでの光秀に対する評価のフィルターを外し、「真実」の光秀像を知ってもらうきっかけとなるよう、心掛けた。また、理解を深めるために、光秀に関わる写真・図版を多く掲載した。これらの貴重で興味深い写真・図版を眺めるだけでも、光秀とはどういう人物であったのか、思いを馳せることができるだろう。

しかし、まだまだ光秀については不明なことが多い。本書の刊行をきっかけにして、さらなる光秀の「実像」が解明され、これまでの謀反人や革新的な信長に対しての「常識人」という評価が変わっていき、より一層の「真実」の光秀像が明らかにされていくことを期待したい。

本書は、柴裕之著『実像に迫る017　清須会議　秀吉天下取りへの調略戦』、柴裕之監修・すずき孔著『マンガで読む　新研究　織田信長』の発刊に引き続く織田家関係の書籍として、ここに刊行される。いずれも新たな「真実」像を提示したもので、相互に関連も深い。信長・光秀だけに止まらない織田家の動向や彼らの生きた時代の政治・社会状況の最新像について理解を深めることができるので、あわせてお読みいただければ、幸甚である。

本書の刊行に際して、戎光祥出版株式会社の皆様には、多大なご尽力を賜った。末筆になるが、厚く御礼を申し上げます。

二〇一八年十一月

柴　裕之

【編著者略歴】

柴　裕之（しば・ひろゆき）

1973年、東京都生まれ。

東洋大学大学院文学研究科日本史学専攻博士後期課程満期退学。博士（文学）。

現在、東洋大学文学部非常勤講師、千葉県文書館県史・古文書課嘱託。

戦国・織豊期の政治権力と社会についての研究を専門とする。

単著に、『戦国・織豊期大名徳川氏の領国支配』（岩田書院、2014年）、『徳川家康 境界の領主から天下人へ』（平凡社、2017年）、『シリーズ実像に迫る 017 清須会議 秀吉天下取りへの調略戦』（戎光祥出版、2018年）、編著に『論集 戦国大名と国衆6 尾張織田氏』（岩田書院、2011年）、『論集 戦国大名と国衆20 織田氏一門』（岩田書院、2016年）、共著に『織田権力の領域支配』（岩田書院、2011年）、監修にすずき孔著『マンガで読む新研究 織田信長』（戎光祥出版、2018年）などがある。

執筆担当：浅野友輔／石渡洋平／森 幢太郎

図説《ずせつ》 明智光秀《あけちみつひで》

2019年1月7日　初版初刷発行

編著者　柴　裕之
発行者　伊藤光祥
発行所　戎光祥出版株式会社
〒102-0083 東京都千代田区麹町1-7 相互半蔵門ビル8F
TEL：03-5275-3361（代表）　FAX：03-5275-3365
https://www.ebisukosyo.co.jp
制作協力　株式会社イズシエ・コーポレーション
印刷・製本　日経印刷株式会社
装　丁　堀　立明
※当社所蔵の画像の転載・借用については当社編集部にお問い合わせください。

©Hiroyuki Shiba 2019　Printed in Japan
ISBN：978-4-86403-305-3

弊社刊行関連書籍のご案内

各書籍の詳細及びその他最新情報は戎光祥出版ホームページ
(https://www.ebisukosyo.co.jp) をご覧ください。

【歴史マンガシリーズの最新刊】 A5判／並製

マンガで読む 新研究 織田信長 165頁／本体1200円＋税 すずき孔 著 柴裕之 監修

【シリーズ・実像に迫る】 A5判／並製

009 松永久秀 104頁／本体1500円＋税 金松 誠 著

010 荒木村重 104頁／本体1500円＋税 天野忠幸 著

017 清須会議 秀吉天下取りへの調略戦 112頁／本体1500円＋税 柴 裕之 著

【中世武士選書】 四六判／並製

第31巻 三好一族と織田信長 「天下」をめぐる覇権戦争 203頁／本体2500円＋税 天野忠幸 著

第40巻 足利義昭と織田信長 傀儡政権の虚像 221頁／本体2500円＋税 久野雅司 著

【図説シリーズ】 A5判／並製

図説 戦国北条氏と合戦 170頁／本体1800円＋税 黒田基樹 著

図説 室町幕府 175頁／本体1800円＋税 丸山裕之 著

図説 真田一族 169頁／本体1800円＋税 丸島和洋 著

【図説日本の城郭シリーズ】 A5判／並製

② 大阪府中世城郭事典 319頁／本体2700円＋税 中西裕樹 著

⑥ 織豊系陣城事典 294頁／本体2600円＋税 高橋成計 著

⑦ 三好一族と阿波の城館 326頁／本体2600円＋税 石井伸夫 重見髙博 編

⑩ 尼子氏の城郭と合戦 340頁／本体2700円＋税 寺井 毅 著